DU

PACTE COMMISSOIRE

SOUS

LES TROIS LÉGISLATIONS

ROMAINE, COUTUMIÈRE ET FRANÇAISE

par

GABRIEL LACOUR,

Avocat, à St-Jean-d'Angély.

« Commissoria est lex venditionis.
« Leges contractuum transformant ipsos
« contractus. »
CUJAS, t. IX, p. 350 A.

— • ⊙ • —

POITIERS
TYPOGRAPHIE DE HENRI OUDIN
RUE DE L'É... N, 4.
1864

DU

PACTE COMMISSOIRE

OU

RÉSOLUTION

À DÉFAUT DE PAYEMENT DU PRIX.

—

THÈSE

PRÉSENTÉE A LA FACULTÉ DE DROIT DE POITIERS

POUR OBTENIR LE GRADE DE DOCTEUR

et

SOUTENUE LE LUNDI 20 JUIN 1861, A 2 HEURES 1/2 DU SOIR

DANS LA SALLE DES ACTES PUBLICS

par

GABRIEL LACOUR,

Avocat, à St-Jean-d'Angely.

POITIERS

TYPOGRAPHIE DE HENRI OUDIN

RUE DE L'ÉPERON, 1.

1861

COMMISSION.

M. RAGON, Président.

M. GRELLAUD *, Doyen.

SUFFRAGANTS
- M. Abel PERVINQUIÈRE *.
- M. BOURBEAU *.
- M. LEPETIT.

PROFESSEURS.

(C.)

Vu par le Président de l'acte public.

C. RAGON.

Le Doyen.

H. GRELLAUD *.

Vu par le Recteur,

DESROZIERS (O. *.

« Les visa exigés par les règlements sont une garantie des principes
« et des opinions relatives à la religion, à l'ordre public et aux bonnes
« mœurs (Statut du 9 avril 1825, art. 41), mais non des opinions pure-
« ment juridiques, dont la responsabilité est laissée aux candidats. »
« Le candidat répondra en outre aux questions qui lui seront faites
« sur les autres matières de l'enseignement. »

A MA FAMILLE.

—

A mes Amis.

PROLÉGOMÈNES.

—

Parmi ceux qui aliènent leurs biens, on peut remarquer le vendeur réfléchi, soigneux de ses intérêts, qui, n'obéissant ni au désir immodéré des spéculations de hasard, ni à l'ordre impérieux d'une nécessité fâcheuse, sait choisir l'acheteur et n'accorder sa confiance qu'à celui dont il estime la probité et connaît la fortune.

Il y a aussi le vendeur insouciant, celui qui se fie aux apparences de solvabilité et se contente de garanties souvent illusoires.

Le droit Romain, dans la rigueur de ses principes, n'accorde sa protection qu'au premier.

La résolution de la vente a-t-elle été formellement convenue à défaut de payement du prix au terme fixé ? Le bénéfice de la clause (pacte commissoire) est assuré au vendeur.

Aucune convention au contraire n'a-t-elle été insérée ? Le vendeur est déchu de tout droit sur la chose, et n'a plus contre l'acheteur qu'une action en payement du prix.

Si cela paraît juste au premier examen, il suffit de pénétrer plus avant dans l'appréciation des faits, dans l'étude des circonstances ordinaires à toute vente, pour se convaincre de l'iniquité d'un pareil système.

1

Lorsqu'un homme aliène *fide Græcá*, se fiant sans réserve à la parole de l'acheteur, il peut, il est vrai, commettre un acte de légèreté. Mais, qui vous dit que ce vendeur n'est pas trompé ; que l'acheteur, des tiers même n'ont pas fait briller à ses yeux de faux semblants de garantie ?

Il y a plus : le vendeur a pu, se trouvant dans une situation pénible, difficile, aliéner sous l'empire du besoin, *quia carebat*. Au milieu de la ruine qui l'assiégeait, il a vu un libérateur dans l'acheteur qui lui offrait quelques deniers d'à-compte, et s'est fié pour le surplus à la parole de celui qu'il pensait riche.

Eh bien ! refuserez-vous tout recours sur la chose à ce vendeur malheureux ?

Direz-vous que si la mauvaise foi a abusé de son infortune, il n'y a plus de remède ? Non : ce serait contraire au droit naturel, contraire à l'équité.

Cette idée a été comprise de l'ancienne jurisprudence française : aussi les coutumes proclament-elles l'introduction d'une condition résolutoire tacite. Désormais, tout vendeur, qu'il ait ou non inséré le pacte commissoire, pourra, à défaut de payement du prix, demander la résolution du contrat.

Le code Napoléon, comme le droit coutumier, a admis les principes de cette nouvelle doctrine si simple, si logique, et en même temps si favorable au crédit public et à la libre circulation des biens. Il la consacre dans les articles 1184-1654-1655 ; l'article 1656 traite de la condition résolutoire expresse ou pacte commissoire proprement dit.

Nous allons étudier la résolution pour non-payement du prix sous l'empire des trois législations romaine, coutumière et française.

- En droit Romain, pour mieux apprécier la nature du pacte commissoire dans la vente, nous le comparerons au même pacte en matière de gage.

A propos du droit coutumier, nous dirons quelques mots du droit écrit.

Enfin, pour que notre étude soit complète, nous parcourrons les modifications apportées au Code Napoléon par la loi du 23 mars 1855 sur la transcription, par le Code de commerce et par le Droit administratif.

Tel est le plan que nous nous sommes proposé de développer.

DROIT ROMAIN.

———oo❊o———

LEX COMMISSORIA.

De lege commissoriâ ff. Liv. XVIII , T. III.
De pactis inter empt. et vend. C. Liv. IV, T. LIV.

———

CHAPITRE Ier.

SON ORIGINE, SA NATURE.

En droit romain, la vente ne transfère la propriété à l'acheteur que lorsqu'il y a eu non-seulement tradition de la chose, mais encore payement du prix (l. 19, ff. *de contr. empt.* — L. 13, § 8 , *de act. empt. et v.*). Le vendeur peut donc reprendre la chose au moyen de la revendication tant que l'une des conditions n'est pas remplie; mais, cette reprise de possession ne résout pas la vente, les obligations que le contrat a produites sont maintenues et l'acheteur peut toujours, pourvu qu'il paye le prix, forcer le vendeur par l'action *ex empto* à lui retransférer l'objet.

C'est là un grave inconvénient.

Le vendeur a-t-il suivi la foi de l'acheteur en lui

donnant un terme? Sa position devient encore plus
mauvaise : il perd toute action en revendication contre
l'acheteur, plein et entier propriétaire par suite de la
tradition, et n'a plus qu'une action personnelle pour
exiger le payement du prix.

On comprend le danger qu'il y avait pour un vendeur
à ne trouver de garantie que dans la solvabilité de l'a-
cheteur. Il fallut remédier à ces inconvénients, chercher
une disposition qui dégageât le vendeur de ses obligations vis-à-vis de l'acheteur, puisque celui-ci n'exécutait
pas les siennes. De là cette convention que la vente sera
non avenue si le prix n'est pas payé dans tel délai : on
la nomme *lex commissoria*, en Français pacte commissoire.

Lex désignait souvent à Rome une clause ajoutée à une
convention [1], et le verbe *Committere*, employé au passif,
exprimait la réalisation d'un cas prévu ; d'où les locu-
tions *Committitur stipulatio* [2], *Committitur pœna* [3], indi-
quant qu'une stipulation doit produire son effet ou
qu'une clause pénale est encourue.

Le mot *lex* a donné lieu à une erreur singulière.
Certains interprètes, parmi lesquels Franciscus Hoto-
man, considèrent la *lex commissoria* comme une
loi du peuple romain. C'est à ce propos que Favre s'écrie:
« *Quam ridiculi* fuerint, qui de lege commissoriâ ità
« scripserunt, *quasi sit una ex romanis legibus a populo*
« *rogatis senatorio magistratu interrogante* [4]. »

[1] *Inst. de locat.* § 5.
[2] *Inst. de verb. oblig.*, § 1. — L. 115, §§ 1 et 2. ff. *de Verb. oblig.*
[3] L. 3, § 1. — L. 1, § 1. — L. 5, § 3, *cod.*
[4] FAVRE, *ad Pandectas*, p. 319 *in fine.*

L'expression *commissoria* a aussi soulevé diverses interprétations étymologiques. Ce nom, suivant Cujas, vient de ce qu'en invoquant la clause, le vendeur *committit in universam venditionem* [1]. D'après Voët, le pacte de résolution serait ainsi appelé parce qu'il remet et abandonne au vendeur le sort de la vente : « Vi hujus « pacti *venditio tota committatur arbitrio venditoris*, « aut rata futura, aut infirmata, prout venditori visum « fuerit [2]. » C'est aussi l'opinion de Doneau [3]. Noodt et Godefroy prétendent que *commissoria* vient de ce que le pacte met fin à la vente : « *a resolvendo contractu* [4] », « *finiatur emptio in honorem venditoris et pœnam emptoris*, « *non soluto pretio* [5]... »

Quoi qu'il en soit, cette discussion n'a aucune importance juridique, aussi la laissons-nous pour étudier plus directement les caractères légaux du pacte commissoire.

Examiné à un point de vue général, il peut se définir : « une convention, en vertu de laquelle l'un des contrac- « tants est libéré de son obligation, si l'autre ne remplit « pas la sienne pour une époque déterminée [6]. »

Ce pacte rentre dans la catégorie des pactes joints, *pacta adjecta*, conventions accessoires qui ne servaient qu'à modifier ou préciser une autre convention consti- tuant un contrat.

---

[1] CUJAS, t. I, p. 772 A.
[2] VOËT, liv. XVIII, t. III, § 1.
[3] DONEAU, t. IV, p. 896.
[4] GODEFROY, t. I, p. 257.
[5] NOODT, t. II, p. 312.
[6] MACKELDEY, p. 222.

Cette clause, née du droit des gens et non du droit civil romain, « nec enim ea lex, dit Cujas, est populi « romani, sed *privatorum contrahentium* emptionem [1]... », ne trouve d'application que dans les contrats donnant naissance à une *bonæ fidei actio*.

L'existence du pacte commissoire est soumise à deux conditions principales :

1° L'adjonction *in continenti*, au moment même de la formation du contrat;

2° L'emploi de termes directs « *directis verbis* », et non obliques « obliquis verbis ».

La première condition est écrite dans la loi 13 c. de Pactis : « In bonæ fidei contractibus ita demum ex pacto « actio competit, *si in continenti fiat* : nam quod pos- « teà placuit, id non petitionem, sed exceptionem « parit. »

Les auteurs sont unanimes pour proclamer ce principe; ainsi Cujas nous dit que la clause doit être « adjecta... « *in continenti*, id est in ingressu contractus, in ipso « exordio et contextu contractus : nam quæ adjiciuntur « ex intervallo non valent, non proficiunt *ad agendum* [2]. »

Zoèse [3], Voët [4], etc., déclarent aussi la nécessité de l'*in continenti*.

La seconde condition, au contraire, est exigée par un seul interprète. Suivant Zoèse, il n'y a de pacte com- missoire, et par conséquent de résolution de plein droit

[1] CUJAS, t. x, p. 1024, D.
[2] CUJAS, t. x, p. 1024, E.
[3] ZOÈZE, liv. XVIII, t. III, § 12.
[4] VOET., *Verbo pacta*, § 2.

du contrat, que lorsque la clause a été jointe *directis verbis* [1].

L'auteur explique lui-même cette expression qu'il met en opposition avec « *obliquis verbis* ».

Directis verbis s'entendra des cas où l'on aura dit: « *Res* « *sit inempta, invendita..., liceat mihi vindicare, liceat* « *alteri tradere..., liceat mihi rem vendere* ». — La clause ne sera jointe qu'*obliquis verbis* si l'on a employé les mots : « *Reverteretur, restitueretur.... et similia*, ajoute Zoèse, « *quæ non continent vel exprimunt executionem ipso facto :* « *ut proinde opus sit traditione per ipsum possesso-* « *rem, ut res possit dici reversa ad venditorem ut in* « *pacto de retrovendendo...* »

Cette distinction ne repose sur aucun texte, et nous paraît résulter d'une confusion de principes : l'auteur se préoccupe trop du rigorisme de l'ancien droit romain, et oublie que le pacte commissoire est d'origine récente et n'a pour fondement que l'équité ; d'où la conséquence que nulle forme sacramentelle, nulle phrase spéciale ne saurait être exigée pour la validité du pacte, qu'ensuite ce n'est pas le terme employé mais *l'intention même des parties* qu'il faut rechercher. Donc, il n'est point indispensable que la clause soit jointe *directis verbis*.

Un écrit est-il nécessaire pour la validité de la *lex commissoria* ? Non : la loi 17 c. *de Pactis* est formelle à cet égard : « Pactum quod bonâ fide interpositum doce- « bitur, *etsi scripturâ non existente*, tamen si aliis pro-

[1] Zoèse, liv. XVIII, t. III, §§ 13, 14, 15.

« bationibus rei gestæ veritas comprobari potest, præ-
« ses provinciæ secundùm jus custodiri efficiet. » Paul
va plus loin : suivant lui, les paroles ne sont même pas
nécessaires à la substance d'une convention : « Secun-
dum hæc, *et mutus* pacisci potest [1] ». Enfin Labéon
« ajoute qu'*une lettre, un courrier*, peuvent constituer une
convention d'où il résulte que le pacte commissoire serait possible entre absents [2].

En définitive, nous voyons par ce qui précède que l'*in
continenti* est la seule condition *sine quâ non* de la *lex
commissoria*.

CHAPITRE II.

CAS D'APPLICATION.

Parmi les contrats auxquels s'applique la *lex commissoria*, les deux principaux sont le gage et la vente:

§ Ier.—DU PACTE COMMISSOIRE DANS LE GAGE.

Le pacte commissoire en matière de gage se définit :
une convention par laquelle la propriété de la chose
engagée appartient de plein droit au créancier dans le
cas où le débiteur ne paye pas au terme fixé : « Ut si,
« dit Cujas, ad diem pecunia non solvatur creditori,
« pignus committatur creditori, et transeat in dominium
« ejus, etsi plus sit in pretio pignoris quam in cre-
« dito [3]...»

[1] L. 1, § 1, ff. *de Pactis.*
[2] L. 2, pr. ff. *de Pactis.*
[3] CUJAS, t. x, p. 969 C.

Doneau nous indique l'origine de la clause commissoire en matière de gage. L'objet imposable et non déclaré était confisqué et acquis au fisc : « *fraudati vecti-*
« *galis pœna est*, ut res, quas mercator professus non
« est, et quarum nomine vectigal pendere debebat,
« ipso jure fisco vendicentur [1]. » C'est par extension
de cette règle que l'on a permis au créancier de convenir
qu'à défaut de payement dans un délai déterminé, la
chose donnée en gage lui serait acquise de plein droit.

Cette clause était préférable à la *Fiducia* de l'ancien
droit : d'abord, elle n'exigeait ni mancipation ni reman-
cipation ; en second lieu, elle ne donnait au créancier
que la *possession* du gage et non la propriété ; enfin elle
opérait de plein droit : « *Sola legis commissoriæ potestate.* »

Malgré cette supériorité, la *lex commissoria* présentait
en matière de gage de graves inconvénients, aussi fut-
elle définitivement prohibée par une constitution de
Constantin, ainsi conçue : « Quoniam, inter alias cap-
« tiones, præcipue commissoriæ legis crescit asperitas,
« placet infirmari eam, et in posterum omnem ejus
« memoriam aboleri. Si quis igitur tali contractu la-
« borat, hac sanctione respiret, quæ cum præteritis
« præsentia quoque repellit, et futura prohibet : Cre-
« ditores enim re amissa jubemus recipere quod dede-
« runt [2]. »

Deux reproches principaux ont motivé cette disposition : 1° ce pacte favorisait la fraude ; 2° il donnait au

---

[1] Doneau, t. vi, p. 931.
[2] C. Theodosien, l. iii, t. ii.—L. *Ult. C. de pactis pignorum*.

créancier une arme trop rigoureuse « *Captionis et aspe-*
« *ritatis.* »

C'est au sujet de la constitution précitée que Publius
Optatianus Porphyre écrivait à Constantin :

> « Permulcens ASPERA legum
> « Justitiâ æternâ. »

Nazarius Panégyre disait à propos de la même décision : « Quas regendis moribus frangendisque vitiis
« latas a Constantino..... quibusque veterum calom-
« niosas ambages recisas captandæ simplicitatis la-
« queos perdidisse. »

Si nous en croyons Godefroy, chez qui nous puisons les
documents ci-dessus, cette constitution de Constantin,
ainsi que quelques autres de la même époque, ame-
nèrent de grands résultats « mores populi Romani in
« melius vertere atque ad pietatem humanitatem pa-
« cemque et concordiam traducere [1]. »

Ainsi la modification qu'elle apporta au droit exerça
un effet direct et puissant de civilisation.

On s'est demandé si le pacte commissoire, prohibé
en faveur du créancier, pouvait être inséré dans l'*intérêt de la caution.* L'affirmative semble résulter de certains textes, aussi a-t-elle formé pendant quelque temps
l'opinion commune. Cependant la négative est seule
vraie : la position de la caution est ici la même que
celle du créancier; le pacte est *illicite* et *usuraire.* C'est
pourquoi Voët nous dit : « Lex commissoria in pigno-
« ribus improbata est, tum inter debitorem et credi-

---

[1] GODEFROY, t. I, p. 252.

« torem, *tum inter debitorem et fidejussorem ejus* : sive ab
« initio sive ex post facto pactum interveniat. »

Il nous reste à examiner le point de savoir si la constitution de Constantin est applicable en matière de nan-
tissement d'immeubles ou antichrèse? Certains auteurs
prétendent que le pacte commissoire a toujours été
prohibé dans l'antichrèse; qu'ainsi toute clause, en
vertu de laquelle le créancier devenait propriétaire de
l'immeuble par le seul défaut de payement au terme convenu, était nulle même avant cette constitution.—D'autres soutiennent que ce pacte n'est défendu aussi bien
dans les engagements d'immeubles que dans les nantis-
sements mobiliers que depuis cette disposition. C'est là,
comme on le voit, une nuance légère, qui ne change rien
à la solution elle-même.

§ II.— Du pacte commissoire dans la vente.

On peut le définir un pacte adjoint *ex continenti*, par
lequel il est convenu que si l'acheteur ne paye pas le
prix à une époque déterminée, la vente sera résolue de
plein droit.

Faite sous cette condition, la vente portait à Rome le
nom de *venditio commissoria* [1].

Les termes dans lesquels la clause était ordinaire-
ment conçue nous ont été transmis par les jurisconsultes
romains. On déclarait : « *ut, si ad diem* (emptor) *pecuniam non solvisset, res inempta fieret* [2] »; — « *ut, si ad*

----

[1] L. 4, C. *de Partis inter empl. et vend.*
[2] L. 10, ff. *de Rescind. vend.*

« diem pecunia non soluta sit, fundus inemptus sit [1] » :
ou bien encore, lorsqu'une partie du prix avait été payée,
on ajoutait : « *ut nisi reliquum pretium* intrà certum
« tempus *restitutum esset* (prædium) *ad se reverteretur* [2]. »

Ce pacte a été permis dans la vente non-seulement
par l'ancien droit romain, mais encore par le droit
nouveau. C'est en vain que certains auteurs ont argumenté de la loi 38 ff. *de minoribus* pour démontrer que
l'empereur Antonin n'en était pas partisan, et que, par
suite, ce pacte aurait dû être prohibé comme en matière de
gage. Le texte invoqué n'a pas la portée qu'on cherche
à lui donner : il est spécial à l'espèce qu'il contient, et,
s'il restitue en entier la pupille *Rutiliana*, c'est par suite
de deux circonstances de fait qui ne changent en rien
les principes du droit : c'est d'abord parce que,
l'échéance du terme se produisant pendant la minorité,
il y a là une excuse du défaut de payement : « *Imperator*
« *autem motus est, quod dies committendi in tempus*
« *pupillæ incidisset*, eaque effecisset, ne pareretur legi
« venditionis. » Le second motif est aussi étranger au
droit : c'est que les premiers tuteurs, qui avaient
négligé le payement, avaient été déclarés suspects :
« Movit etiam illud imperatorem, quod priores *tutores*,
« qui non restitui desiderassent, *suspecti pronuntiati*
« erant. »

La loi *æmilius* ne peut donc soulever aucun doute sur
la validité du pacte commissoire en matière de vente. Du

[1] L. 2, ff. *de Leg. com.*
[2] L. 3, ff. *de Pactis inter empt. et vend.*

reste, il suffit d'établir un rapide parallèle entre les effets de cette clause appliquée au gage, et ceux qu'elle produit dans la vente, pour rester intimement convaincu que la prohibition n'a pu frapper que le contrat de gage.

Un titre spécial au Digeste a été consacré à l'étude du pacte commissoire dans la vente ; nulle disposition ni au Digeste ni au Code ne parle de cette clause appliquée au gage, si ce n'est pour en interdire l'usage.

C'est que dans la vente elle est équitable ; dans le gage elle est inique.

Dans le premier contrat, elle favorise le vendeur, c'est-à-dire celui dont les intérêts souffrent, dont la fortune chancèle « *qui eget* » ; dans le second, loin de protéger le débiteur qui mériterait à tous égards la même pitié que le vendeur malheureux, elle favorise la fraude du créancier : « At in pignoribus, dit Cujas, *ple-* « *rumque est ingens fraus debitoris* , et non toleranda , si « non soluta pecunia ad diem pignus acquiratur credi- « tori, quia plerumque *pro parvâ pecuniâ datur pignori* « *res pretiosissimæ, pretiosissima monilia* : et iniquum est « ut ingentem hanc fraudem sustineat debitor [1]. »

Dans la vente, le prix moyennant lequel le vendeur pourra, à la résolution du contrat, reprendre la chose, est connu à l'avance : c'est le prix convenu le jour même où s'est formé le contrat. D'où la conséquence que « *in venditionibus lex commissoria nullam habet spe-* « *ciem fœnoris improbi et illiciti.* »

Dans le gage, au contraire, la valeur de l'objet détenu.

---

[1] Cujas, t. IX, p. 1240, C.

surpassant le plus souvent le montant de la dette, offre la *chance fâcheuse* de dépouiller le débiteur de sa propriété par suite du retard le plus léger : en un mot, le pacte favorise l'usure : « Dabat ea res, dit Favre, *frau-* « *dis dolique materiam fœneratoribus* qui ut plurimùm « pro ære modico fiducias magni valoris accipiebant [1]. » C'est aussi ce qu'enseigne Cujas : « in pignoribus lex « com. plerùmque *est in fraudem constitutionum quæ usu-* « *ris modum imposuerunt* : maximè notandum est, etsi, « ut solent, pretiosiora sint pignora : *plus enim ità con-* « *sequeretur creditor ex lege pignorum*, si eà lege commit- « teretur, id est, si pignora in ejus dominium caderent « ob pecuniam non solutam, *quàm legitimis usuris* [2]. »

Ajoutons que la clause commissoire en matière de vente conserve la propriété du maître primitif, du vendeur ; que, dans le gage, elle anéantit tout droit du débiteur sur sa chose.

Telles sont les différences capitales qui ont amené la prohibition de la *lex commissoria* dans le gage et son maintien au contraire en matière de vente.

Deux questions nouvelles se présentent à notre examen : par qui et au profit de qui sera formé le pacte commissoire ? quelle influence exercera-t-il sur la nature de la vente ?

— La première question trouve sa solution dans l'application des principes généraux en matière de contrats.

[1] FAVRE, *de Error.*, t. 1, p. 271, § 10.
[2] CUIAS, t. X, p. 1025, D.

Le vendeur seul peut insérer *en son nom* une clause
résolutoire ; jamais un tiers ne sera admis en principe à
le faire pour lui : « *Nec paciscendo*, nec legem dicendo,
« nec stipulando, quisquam alteri cavere potest. »
(L. 73. § fin. ff. *de Reg. juris.*) La loi 11, ff *de oblig. et act.*
vient à l'appui de la précédente.

Le vendeur non-seulement pourra établir un pacte
commissoire en son nom, mais encore *au nom de son
héritier actuel*. Ainsi, je puis, en vendant ma chose,
insérer une clause résolutoire dont je m'engage à ne
pas profiter moi-même, si le terme arrive durant mon
existence, mais qui bénéficiera à mon héritier, si elle
se produit après mon décès. (Arg. l 33, ff. *de Pactis.*)

Je ne pourrais pas la stipuler au profit de quelqu'un
qui ne serait pas encore mon héritier, mais le de-
viendrait par la suite : « *quia ex post facto id confirmari
« nonpotest.* Arg. l. 17, § 4, ff. *de Pactis.*)

Enfin, nous pensons que dans le droit de Justinien
un fondé de procuration, chargé de vendre, peut réserver la clause commissoire : *quia et solvi ei potest.* »
(L. l. 11 et 12, ff. *de Pactis.*

Le vendeur aurait tout au moins dans ce cas l'exception de dol. (L. 10, § 2, ff. id.)

— En faveur de qui est le pacte commissoire ?

Ce pacte n'est usité en droit romain qu'en faveur du
vendeur : il a pour but de lui mieux assurer le payement
du prix, surtout quand, en acceptant la foi de l'acheteur,
il s'est dessaisi de la propriété de la chose.

Les textes indiquent surabondamment cet emploi
spécial du pacte commissoire : « Lorsque le vendeur

« d'un fonds de terre a eu soin de convenir que l'im-
« meuble ne serait pas vendu si l'acquéreur n'en payait
« pas le prix dans un temps limité, *il n'est censé non*
« *vendu que lorsque le vendeur veut qu'il ne le soit pas*, la
« clause ayant été insérée en sa faveur ; car si on l'en-
« tendait *autrement*, il serait au pouvoir de l'acheteur
« *au cas d'incendie*, de ne pas payer une maison ainsi
« achetée, et qui aurait péri pour lui, en disant qu'elle
« ne serait pas vendue parce qu'il ne l'aurait pas payée. »
(L. 2, ff. *de Leg. com.*)

Telle est aussi l'opinion d'Ulpien dans la loi 3, au
même titre : « Nam legem commissoriam, quæ in vendi-
« tionibus adjicitur, si volet venditor exercebit : *non*
« *etiam invitus.* » Pomponius confirme cette doctrine,
dans la loi 6, § 1 *in fine*, ff. *de contrah. empt.* : « Apparet
« hoc duntaxat actum est, *ne venditor emptori, pecunia*
« *ad diem non soluta, obligatus esset :* non ut omnis obli-
« gatio empti et venditi utrique solveretur. »

Il ne saurait donc s'élever aucun doute sur le point de
savoir à qui profite le pacte commissoire.

La seconde question que nous devons examiner est
plus complexe et contient une controverse.

Quelle influence exercera sur la nature de la vente le
pacte commissoire ? Aucune, sommes-nous portés à
répondre par la loi 1, ff. *de lege commissoriâ* : « Si un
« fonds de terre a été vendu sous la clause commissoire,
« il vaut mieux décider que la vente sera *résolue sous*
« *condition*, que de dire qu'elle est conditionnelle. »
Le droit romain n'admettait pas en effet de condition
résolutoire ; dans le cas où le droit Français en reconnaît

2

une, les Romains disaient que la vente était immédiate, pure et simple, produisant ses effets à l'instant, mais que *la résolution en était conditionnelle*, subordonnée à l'accomplissement d'une condition : « *Neutiquam impedit lex ista*, dit Zoèse, *venditionem esse puram, et facit contractum sub conditione potius resolvi, quam sub conditione perfici* [1] ».

Ainsi, pour me servir de l'expression moderne, la clause commissoire est ajoutée au contrat comme condition résolutoire.

Peut-elle l'être comme condition suspensive? Ici s'ouvre une controverse dont nous allons rapidement passer en revue les principaux systèmes. Et, d'abord, précisons le sens de la question à résoudre : donner à la clause commissoire un effet suspensif, c'est *stipuler que la vente ne sera parfaite qu'à la condition que le prix soit payé*.

Certains interprètes, parmi lesquels Favre et Zoèse, ont soutenu que la *lex commissoria* ne pouvait jamais se présenter sous une face suspensive. Ils se fondent sur une foule de fragments renfermés dans le titre spécial du Digeste (*de lege commissoria*); sur la loi 38 *pr. de minoribus*; sur le rapprochement de la loi 1, ff. *de lege com.* et de la loi 2 *de in diem addictione*; enfin sur une interprétation inexacte de la loi 2 § 3, *pro emptore*.

Une seconde opinion consiste à dire que tous les textes précités considèrent la vente *sub lege commissoria* comme pure et simple, mais résoluble sous condition : d'où la conséquence que *dans la pratique* on n'avait

[1] ZOÈSE, *ad Pandectas*, lib. XVIII, t. III, § 1.

point admis le pacte commissoire comme condition suspensive.

D'après un troisième système auquel nous croyons devoir nous ranger, les fragments ci-dessus n'excluent point la possibilité d'insérer la *lex commissoria* comme condition suspensive ; de plus, le Digeste contient des textes où elle est ainsi employée. Nous n'invoquerons pas à l'appui de notre opinion la loi 38, § 2 ff. *ad leg. Falcidiam*, qui est généralement citée sur ce point ; car nous pensons qu'il n'est pas nécessaire de recourir à l'hypothèse d'une condition suspensive, pour expliquer la décision d'Hermogénien dans l'espèce : s'il dit en effet que l'héritier du vendeur aura la propriété de l'objet aliéné avec pacte commissoire, c'est qu'il songe à l'action que possède le vendeur pour reprendre cet objet : « Is qui actionem habet ad rem recuperandam, « ipsam rem habere videtur. » C'est cette action en reprise qui fait considérer la chose vendue comme se trouvant encore dans l'hérédité, et devant entrer en ligne de compte pour procéder au calcul de la falcidie.

Mais une autre loi, la loi 2 § 3 *pro emptore*, nous parait contenir un exemple du pacte employé comme condition suspensive : voici ce qu'elle porte : « Sabinus, si sic « empta sit, ut nisi pecunia intra diem certum soluta « esset, inempta res fieret, *non usucapturum nisi perso-* « *lutâ pecuniâ* : sed videamus, utrum conditio sit hoc, an « conventio? si conventio est, magis resolvetur, quàm « implebitur. » Sabinus posait en thèse que l'acheteur qui n'avait pas payé le prix ne pouvait usucaper *pro emptore*. Si à ses yeux, la *lex commissoria* n'avait contenu qu'une résolution conditionnelle, la vente étant d'ailleurs pure et simple, il se trouverait en désaccord, non seulement avec tous les autres jurisconsultes, mais encore avec les règles élémentaires du droit romain. Pour concilier sa doctrine avec la doctrine générale, il faut supposer qu'il se plaçait au point de vue d'une *lex commissoria* conçue sous une forme suspensive. C'est ce que remarque Paul : « Sed videamus utrùm condi- « tio... » L. 2 § 3 ci-dessus. Après avoir en effet rapporté le sentiment de Sabinus, il lui reproche de l'avoir énoncé en termes trop absolus ; tout dépend, dit-il, de savoir si dans telle ou dans telle espèce le pacte commissoire constitue une condition suspensive du droit ou de sa résolution ; dans le premier cas, Sabinus a raison ; dans le deuxième, la solution doit être donnée en sens inverse, et l'*usucapio pro emptore* doit commencer à partir du moment où l'acheteur a été mis en possession.

En définitive, il convient de reconnaître que dans les textes, la *lex commissoria* est le plus souvent considérée comme résolutoire ; que cependant rien ne s'oppose à ce qu'on lui donne, dans la pratique, un effet suspensif, bien qu'une pareille clause ne fut guère usitée à Rome : ainsi, tout dépend de l'intention des parties.

Telle est la doctrine de Noodt : « *lex commissoria* in « venditione potest concipi aut pure *aut sub conditione*[1]. » Telle est aussi celle de Voët[2] et de Cujas[3].

[1] Noodt, t. II, p. 312.
[2] Voet, liv. XVIII, t. III, § 1er.
[3] Cujas, t. IX, p. 388 D.

CHAPITRE III.

QUAND Y A-T-IL COMMISE ?

Il importe de distinguer deux cas, celui où la *lex commissoria* contient la fixation d'un délai pour le payement, et celui où elle n'en contient pas.

§ Ier. — DU CAS OU IL Y A UN TERME LIMITÉ.

Dans cette hypothèse, la condition existe par le seul événement du jour fixé; l'effet de la clause est irrévocablement produit, sans qu'il soit besoin de mise en demeure: « *Dies interpellat pro homine.* » Telle est la règle formulée par les interprètes, en termes, il est vrai, étrangers aux jurisconsultes romains, mais qui sont la traduction fidèle de l'effet rigoureux que nous signalons.

La vente est résolue de plein droit, quand bien même, avant l'échéance du terme, une partie du prix aurait été payée, quelque considérable qu'elle fût (Arg. de la loi, l. 6, § 2, *de lege com.*). Il est de principe, en effet, que toutes les fois qu'une clause pénale est ajoutée à une obligation, l'accomplissement partiel de la dette principale équivaut à une inexécution totale (L. 85, § 6, *de verb. oblig.*).

Il paraît cependant que la résolution de plein droit, par suite de l'expiration du terme, n'avait pas été admise dans le droit romain sans hésitation. Marcellus

regardait la question comme douteuse : on pouvait se
demander, disait-il, si le vendeur ne devait pas préa-
lablement adresser une interpellation a l'acheteur :
« *Marcellus* libro vigesimo, *dubitat, commissoria utrum*
« *hunc locum habet. si interpellatus non solvat, an verò si*
« *non obtulerit?* « (L. 4, § 4, ff. *de leg. com.*) Mais la
doctrine ne s'était pas arrêtée à ces scrupules; dans le
même texte, Ulpien ajoute : « *Et magis arbitror, offerre*
« *eum debere, si vult se legis commissoriæ potestate solvere.* »

Non-seulement il n'y a pas besoin de mise en demeure,
mais encore il ne saurait y en avoir : « Interpellatione
« opus non est *imo nocet* in lege commissoria [1]. »

En effet, la mise en demeure *antérieure* au jour fixé
par le payement eût été *prématurée* [2]. Il n'y a pas de
retard puisqu'il n'y a encore ni demande, ni mise en
demeure possible [3].

La sommation *postérieure* à l'événement du terme
impliquerait renonciation au bénéfice de la clause résolutoire. Car, d'après la loi 7, ff. *de lege com.*, la commise
donne au vendeur le droit d'opter pour l'exécution ou
pour la résolution du contrat; or, s'il faisait sommation
de payer, il opterait pour l'exécution et, comme il ne
peut revenir sur son choix, il s'ensuit que la sommation
lui ferait perdre le droit de résolution.

La théorie du droit romain sur la résolution de la
vente, pour défaut de payement du prix, tenait à une
interprétation rigoureuse de la volonté des parties. On

[1] DE MÉAN, Observation 274, 9°.
[2] L. 42, ff. *de Verb. oblig.*
[3] L. 88, ff. *de Reg. juris.*

ne présumait pas l'indulgence du vendeur, et l'on considérait comme sans excuse l'oubli possible de la part de l'acheteur.

Une question s'est produite : elle consiste à savoir si l'expiration du délai a pour effet de mettre en demeure non-seulement l'acheteur, mais encore le vendeur ; en d'autres termes, si, une fois le délai expiré, l'acheteur peut purger sa demeure, en offrant le prix, tant que le vendeur n'a pas fait son choix entre le payement de ce prix et la résolution du contrat.

Un premier système se prononce pour l'affirmative, argumentant judaïquement du mot « *statim* » de la loi 4, § 2, ff. *de leg. com.*

Un second se fonde sur la loi 21, § 1, ff. *de pecuniâ constitutâ*, pour accorder au vendeur un délai de dix jours, pendant lequel il devra faire son choix : après ce temps, l'acheteur pourra éviter la résolution en faisant des offres au vendeur. C'est là une opinion purement divinatoire : quoi de plus arbitraire, en effet que l'application au pacte commissoire d'un texte spécial au constitut ?

La négative est seule admissible, et l'on ne comprend pas qu'en présence de lois aussi formelles que celles qui régissent notre espèce, les auteurs aient cherché une autre solution.

Que dit, en effet, la loi 4, ff. *de leg. com.* ? Que le terme expiré, la résolution de la vente est encourue, sans que l'acheteur puisse l'éviter en offrant le prix : « *finita est emptio* », ce qui signifie : *l'acheteur demeure obligé, tout en perdant les droits que lui avait assurés le contrat.*

Cette résolution est placée par les textes sur la même ligne que la clause pénale, et la *purgatio moræ* est déchue de toute influence sur l'une comme sur l'autre : « Celsus ait, si arbiter intra kalendas septembres dari « jusserit, nec datum erit, *licet posteà offeratur*, attamen « semel commissam pœnam compromissi non evanes- « cere : *quoniam semper verum est, intra kalendas, datum* « *non esse*[1]». Voilà pour la clause pénale. « Hoc idem dicen- « dum, et quum quid ea lege venierit, ut nisi ad diem « pretium solutum fuerit, inempta res fiat. » Tels sont les termes dans lesquels Africain étend à *la lex commissoria* ce que Celsus avait dit de la clause pénale [2].

§ II.—DU CAS OÙ IL N'Y A PAS DE TERME LIMITÉ.

Il peut arriver que le pacte ne fixe pas à l'avance le délai pendant lequel le choix du vendeur pourra s'exercer. (Arg. l. 3, ff. *de contrat empt.*) Dans ce cas, tous les interprètes conviennent de la nécessité d'accorder un délai après l'*interpellatio hominis*, mais ils varient sur la longueur du temps. Cujas permet à l'acheteur de payer jusqu'à la *litis contestatio*; Voët veut qu'un espace de soixante jours se soit écoulé depuis la sommation adressée par le vendeur à l'acheteur, pour que la vente se trouve résolue. Toutes ces décisions sont arbitraires et tombent devant la loi 23, ff. *de obl. et act.* : texte qui assimile la *lex commissoria*, sans fixation de délai, à

[1] L. 23, pr. ff. *de Receptis qui arb.*
[2] L. 23, ff. *de Oblig. et act.*

la clause pénale que doit encourir celui qui a été con-
damné par un arbitre, et n'obéit pas à la sentence dont le
terme d'exécution n'a pas été limité. Dans l'un comme
dans l'autre cas, la loi décide qu'il faudra accorder
modicum spatium, c'est-à-dire un délai moral laissé à
l'appréciation du juge.

CHAPITRE IV.

FINS DE NON-RECEVOIR.

Il n'y a pas commise, c'est-à-dire accomplissement
de la *lex commissoria* :

1° Lorsque le vendeur usant, à l'échéance, du droit
de choisir qui lui est constitué par les lois 2, 3, 4, § 2,
ff. *de leg. com.* a opté pour le payement du prix. Il ne
peut en effet revenir sur son choix « *non potest variare*[1]. »

C'est la conséquence du principe : « Personne ne peut
« changer de sentiment au détriment d'autrui[2]. » De
plus, comme l'enseigne Cujas, ce retour ne saurait
s'opérer « *sine injuria emptoris*, cui a venditore semel
« electo et petito pretio post diem jus emptionis firmo
« et perpetuo jure acquisitum ac confirmatum est. »

Où s'arrêterait, du reste, l'arbitraire, si, le premier
choix fait à l'expiration du terme, le vendeur pouvait
en faire un second ?

On déduit une autre raison de l'ancien droit romain :
c'est qu'avant l'introduction de l'action *præscriptis verbis*

[1] L. 7, ff. *de Leg. Com.*—*Fragmenta Vaticana*, § 4.
[2] L. 75, *de Regulis juris.*

par les Proculiens, le vendeur n'avait qu'une action, soit pour se faire payer le prix, soit pour reprendre la possession de la chose, l'*actio venditi*. En l'exerçant pour atteindre l'un ou l'autre but, il déduisait *in judicium* toutes les questions qui se rattachaient à son droit de vendeur, et, lorsqu'après avoir réclamé le prix, il voulait demander la résolution, il pouvait être repoussé par l'exception *rei in judicium deductæ*. Plus tard, malgré l'introduction d'actions nouvelles, la règle survécut au motif qui l'avait fait naître.

2° Le vendeur qui a déjà perçu une partie du prix n'est plus recevable à demander la résolution lorsqu'à l'expiration du terme, il actionne l'acheteur pour le surplus : « Venditor qui legem commissoriam exercere « noluit, *ob residuum pretium* judicio venditi rectè agit ; « *quo secuto legi renuntiatum videtur.* » (*Fragm. Vaticana*, § 3. — Arg., l. 6, § 2, *de Lege Com.*)

Il en est de même si, après le délai de la clause, il demande l'intérêt du prix : « Commissoriæ venditionis « legem exercere non potest, qui post præstitutum « pretii solvendi diem, non vendicationem rei elegit, « sed *usurarum pretii petitionem* sequi maluit. » (L. 4, C. *de Pactis inter empt. et vend.*)

Le vendeur, au lieu de demander le payement de l'intérêt, l'a-t-il simplement accepté ? la solution sera encore la même : « Idem est, dit Zoèse, si usuras pretii « exigerit, vel *oblatas* receperit [1]. »

3° Dès que le payement a été empêché par une cause

_____
[1] ZOÈSE, *de Leg. com.*, § 10.

étrangère à l'acheteur, et que cette cause paraît légitime, il ne peut y avoir accomplissement de la *lex commissoria*. Parcourons quelques espèces que nous offrent les textes :

Lorsqu'un créancier du vendeur a fait défense à l'acheteur de payer entre les mains de son débiteur, il est de toute justice que la *lex commissoria* ne soit pas encourue. Telle est la décision de la loi 8, ff. *de Leg. com.*, où nous voyons le procureur du fisc défendre à l'acheteur de payer son prix avant que l'amende ne soit acquittée. L'acheteur, dans l'espèce, ne saurait encourir la peine prévue par la clause, parce qu'il trouve une excuse péremptoire à son défaut de payement dans l'opposition du fisc.

La loi 10, § 1, ff. *de Rescind. vendit.* contient une hypothèse dans laquelle il n'a dépendu que de la volonté du vendeur , de recevoir le prix : « L'acquéreur de « certains héritages, craignant des contestations de la « part de Numéria et de Sempronia, convient avec son « vendeur qu'il retiendra une certaine somme jusqu'à ce « que le vendeur lui ait fourni *caution*. Puis, ce dernier « ajoute que si le prix n'est pas payé dans un certain « temps, la vente sera comme non avenue, s'il le juge à « propos. Dans l'intervalle, le vendeur gagne son procès « contre Numéria et transige avec Sempronia, de sorte « que l'acquéreur ne peut plus être inquiété dans sa « possession. Si le vendeur n'a pas de garant et que « l'acquéreur n'ait pas non plus effectué le payement « dans le délai fixé, la vente est-elle résolue ? Non , si « l'on a décidé que le payement n'aurait lieu qu'après la

« dation de caution, et que celle-ci ne fût pas effectuée. »

Le vendeur ne pourra demander la résolution, si, au lieu du prix, il a reçu une dation en payement, par exemple des troupeaux à laine : « Pretii causâ non pe- « cuniâ numeratâ, sed pro eâ pecoribus in solutum con- « sentienti datis, contractus non constituitur irritus. » (L. 9, C. *de Resc. vend.*).

En définitive, toutes les fois que le vendeur, soit par son refus du prix, soit par son absence ou même de toute autre façon, place l'acheteur dans l'impossibilité de payer avant le terme, la vente subsiste et ne peut être résolue (Arg., l. 161, *de Reg. juris*).

Cependant, il faut noter que l'acheteur n'est pas encore complétement à l'abri de la résolution.

Voici, en effet, ce que porte la loi 51, § 1, *de act. empti et vend.* : « Si vous achetez un fonds de terre, à la con- « dition d'en payer le prix aux calendes de juillet, qu'à « cette époque le vendeur mette obstacle par son fait « au payement, *mais qu'ensuite, vous* puissiez l'effectuer « et ne le fassiez pas, il aura contre vous l'action de la « clause ; car la vente est faite à la condition que l'ac- « quéreur encourra la peine de la clause si le défaut de « payement procède de son fait. » A moins, toutefois, qu'il n'y ait *dol* de la part du vendeur : « *nisi si quid in* « *eâ re venditor dolo fecit.* » C'est l'opinion de Javolenus (*loc. cit.*). Il y a dol dans le cas, par exemple, où le ven- deur refuse le prix dans l'intention de le réclamer à une époque où il sait que l'acheteur ne pourra pas le payer.

4° Le vendeur ne peut plus demander la résolution à défaut de payement, lorsque l'acheteur a fait, dans le

temps convenu , des offres réelles du prix. La loi 8, ff.
de Leg. com. nous indique la forme à suivre : Il faudra
qu'en présence de témoins, l'acheteur proteste de ce
qu'il est prêt à payer la totalité ou le reste du prix, qu'il
scèle le sac où il a déposé l'argent , enfin qu'il constate
l'absence du vendeur ou de celui qui devait recevoir la
somme : « die statuto emptor testatus est , *se pecuniam*
« *omnem reliquam paratum fuisse exsolvere , et sacculum*
« *cum pecuniâ signatorum signis obsignavit...* »

Est-il nécessaire que l'acheteur, après les offres
faites, *consigne la somme?* L'affirmative a trouvé des
partisans ; toutefois, en présence du texte précité, la
négative nous paraît seule soutenable. Les mots
sacculum cum pecuniâ signatorum signis obsignavit dési-
gnent non une consignation, mais simplement une appo-
sition, sur le sac, des cachets des témoins. Ajoutons que
si l'acheteur avait consigné dans l'espèce, il eût été
libéré, et l'on ne concevrait pas que le fisc pût venir,
plus tard, lui défendre de payer entre les mains de la
venderesse.

L'argument tiré quelquefois par l'opinion adverse de
la loi 7, C. *de Pactis int. empt. et vend.* n'a aucune force
contre notre solution, d'abord , parce que ce texte est
spécial au pacte *de retrovendendo* fort différent de la
lex commissoria ; que, par suite, l'analogie est forcée.
Mais, il y a plus : la loi 7, quoi qu'on en dise, n'implique
pas l'idée d'une *obligation* imposée à l'acheteur, mais
celle d'un *simple conseil de consigner :* « Potes... reme-
« dio... depositionis... consulere », et non « debes...
« consulere. »

5° Une dernière fin de non-recevoir résulterait d'un pacte postérieur au contrat, et dans lequel le vendeur aurait renoncé au bénéfice de la *lex commissoria :* les pactes faits en dernier lieu effacent en effet les premiers[1].

CHAPITRE V.

DES EFFETS DE LA LEX COMMISSORIA.

Les effets du pacte commissoire doivent être examinés dans deux circonstances différentes : suivant que la clause est encore en suspens ou qu'elle s'est réalisée.

§ I. — EFFETS DE LA LEX COMMISSORIA PENDANT QU'ELLE EST EN SUSPENS.

La vente avec pacte commissoire *est pure et simple*, et il n'y a de conditionnel que sa résolution : « *Erit pura « emptio quæ sub conditione resolvitur* », dit Ulpien dans la loi 2, ff. *de in diem addict.* — « Si fundus commissoriâ « lege venierit, magis est, ut sub conditione resolvi « emptio, quàm sub conditione contrahi videatur », dit le même Ulpien dans la loi 1, ff. *de Lege commissoria.*

Pendant l'intérim, la vente faite *sub lege commissoria* produit donc tous les effets des ventes pures et simples. Ainsi :

1° L'acheteur a contre le vendeur l'*actio empti*, et le vendeur contre l'acheteur l'*actio vendili.*

2° L'acheteur devient immédiatement propriétaire

[1] L. 12, C. de *Pactis.*

par la tradition, si le vendeur l'est lui-même , pourvu
que l'on n'ait pas omis de fixer un délai pour le payement du prix[1] ;

3° L'acheteur peut constituer sur la chose un gage,
une hypothèque, une servitude , même consentir une
aliénation totale ;

4° Il peut intenter la revendication [2] et y défendre ;

5° Il perçoit et gagne les fruits et les autres accessoires de la chose [3].

6° Si l'objet a été vendu et livre *a non domino*, l'acheteur peut l'usucaper *pro emptore* [4].

7° Enfin, les risques et périls de la chose sont à la
charge de l'acheteur [5].

§ II. — EFFETS DE LA LEX COMMISSORIA LORSQU'ELLE SE RÉALISE.

Pour bien apprécier les effets que produira entre parties
la réalisation de la clause, nous allons les étudier succes-
sivement au point de vue de l'action , des fruits, des
arrhes, des détériorations ; nous terminerons par quelques observations sur le droit des tiers.

DE L'ACTION. — Le vendeur qui use du pacte le fait
valoir par l'action *venditi*. Cette action était en effet
donnée au vendeur , afin de poursuivre judiciairement

[1] § 41, *Inst. de rerum divisione.*
[2] L. 41, ff. *de Rei vendicat.*
[3] L. 5, ff. *de lege com.*
[4] L. 2, § 1, ff. *de in diem addict.*—L. 3, ff. *de Contrah. empt.*
[5] L. 2, ff. *de in diem addict.*

l'exécution de toutes obligations quelconques résultant du contrat [1].

Avant Auguste, il ne s'était présenté, à cet égard, aucune espèce de difficulté; on partait de cette idée, que la *lex commissoria* était un pacte joint *in continenti* à la vente, c'est-à-dire à un contrat *bonæ fidei*, et l'on en concluait que son exécution devait être garantie par l'action même résultant de la vente.

Plus tard, il s'éleva quelque dissentiment entre les jurisconsultes à propos du pacte qui forme le sujet de notre étude. Deux circonstances spéciales y donnèrent lieu : 1° que le *pactum adjectum* y avait précisément pour but de faire considérer le contrat comme non avenu, tel cas échéant ; 2° que la *lex commissoria* opérait même au cas où il y avait eu quelque dation ou tradition déjà exécutée de la part de l'une des parties, de telle sorte que l'opération pouvait rentrer dans les contrats innommés *do ut des*, *do ut facias*. Proculus, dans son amour pour les innovations juridiques, proposait d'accorder ici l'action *in factum præscriptis verbis* attachée à ces contrats innommés [2]. Sabinus au contraire, sans s'arrêter à la subtilité des mots *res inempta est, et quidem finita est emptio*, donnait même dans ces cas l'action des contrats [3].

Nous voyons par un jugement d'Ulpien que la question avait été décidée en ce dernier sens (*sed jam decisa quæstio est*) par les rescrits des empereurs Antonin et

---

[1] L. 13, § 19, *de act. empti et vend·* —L. 75, ff. *de contrah. empt.*

[2] L. 12, ff. *de præscriptis verbis.*

[3] L. 6, § 1, ff. *de contrah. empt* —L. 6. ff. *de rescind. vend.*

Sévère [1]. D'où la jurisprudence avait fini par conclure que l'une ou l'autre action pouvait se donner « *actio* « *præscriptis verbis vel ex vendito tibi dabitur* [2]. »

C'est là une *exception aux principes ordinaires*, d'après lesquels l'action du contrat s'applique à toutes les hypothèses que comporte celui-ci, même à celles dans lesquelles il n'est pas question d'exécution déjà faite par l'une des parties; tandis que l'action *præscriptis verbis* est engendrée *re*, et ne trouve d'application que dans ces derniers cas.

Outre les actions dont nous venons de parler, le vendeur aura-t-il la *rei vendicatio* ? Non. Les principes du droit romain voulaient que, malgré l'accomplissement de la condition, la propriété de la chose vendue restât sur la tête de l'acheteur, et que celui-ci fût *simplement obligé* de la retransférer au vendeur. Ainsi, ce dernier ne pouvait recourir qu'à deux actions personnelles, l'*actio venditi* et la *præscriptis verbis*. Toute action *in rem* lui était refusée par suite du principe : *que la propriété ne pouvait pas être transférée temporairement*, soit jusqu'à l'arrivée d'un certain terme, soit jusqu'à la réalisation d'une condition.

Nous avons vu les empereurs Sévère et Antonin refuser au vendeur toute action réelle [3]. Une constitution de Dioclétien et de Maximien est plus formelle encore et exprime le principe que la translation temporaire de de la propriété n'est pas possible : « si stipendiariorum

---

[1] L. 4, pr. ff. *de Lege com.*
[2] L. 2, C. *de Pactis inter empt. et vend.* — L. 6, ff. *de Resc. vend.*
[3] L. 4, ff. *de Lege com.*

3

« prædiorum proprietatem dono dedisti, ita ut post
« mortem ejus qui accepit ad te rediret, donatio irrita
« est, *càm ad tempus proprietas transferri nequi-*
« *verit* [1] ». Les mêmes idées sont contenues dans
un rescrit d'Alexandre, qui forme la loi 3 au code, *de*
pactis inter emptorem et venditorem : « qui ea lege
« prædium vendidit, ut nisi reliquum pretium intra cer-
« tum tempus restitutum esset, ad se reverteretur : si
« non precariam possessionem tradidit, *rei vendicationem*
« *non habet*, sed actionem ex vendito. » Il en résulte que
l'acheteur *sub lege commissoria*, qui n'a pas reçu une
possession purement précaire, mais qui est devenu
propriétaire par la tradition, reste tel, malgré le défaut
de payement du prix au terme convenu, de telle sorte
que le vendeur peut agir contre lui non par la *rei vendi-*
catio, mais par l' *actio ex vendito*. Telle est la doctrine des
constitutions impériales. Cependant, comment concilier
le texte ci-dessus avec le rescrit contenu dans la loi 4,
C. eod. tit., et émané du même empereur que le précédent ? « Commissoriæ venditionis legem exercere non
« potest, qui post præstitutum pretii solvendi diem,
« *non rei vendicationem* eligere sed usurarum pretii pe-
« titionem sequi maluit. » D'après ce texte, *la lex com-*
missoria, une fois encourue par l'acheteur, le vendeur
peut opter entre la reprise de la chose et l'exécution
de la vente; s'il préfère ce dernier parti et réclame les
intérêts du prix, il ne peut plus revenir au premier en
exerçant la *rei vendicatio*.

Les interprètes ont fait mille efforts pour concilier les

[1] *Fragmenta Vaticana*, § 283.

deux constitutions d'Alexandre; les uns veulent que la loi 3 soit relative au cas où l'on envisage la *lex commissoria* comme condition suspensive de la résolution, et la loi 4, à celui où elle joue le rôle de suspensive de la vente. D'autres ont vu dans la loi 4 une possession précaire concédée à l'acheteur, et dans la loi 3, une possession non précaire. Une troisième opinion distingue entre la *lex commissoria directis verbis* et celle *obliquis verbis*. Le premier cas serait celui de la loi 4, le second celui de la loi 3. A nos yeux, aucun de ces systèmes n'est satisfaisant : il faut donc se résigner à voir ici une contradiction insoluble, à moins qu'Alexandre n'ait employé l'expression *rei vendicatio* dans un sens impropre, comme l'ont fait les rédacteurs du Code Napoléon dans l'art. 626 *in fine*, où elle signifie *reprise de la chose même au moyen de l'action personnelle*.

Peut-être la loi 4 a-t-elle été remaniée par Tribouien, qui aura oublié de refaire aussi la loi 3 d'après le nouveau droit.

Quoiqu'il en soit, il est certain que l'ancien droit romain n'admettait pas la possibilité d'une translation temporaire de la propriété. Des tendances contraires s'étaient manifestées de bonne heure à l'occasion de l'*in diem addictio* [1] et de la donation à cause de mort [2]. Nous voyons par la loi 8, ff. *de leg. com.*, que Scœvola étend ce principe à la *lex commissoria* et considère comme possible la *rei vendicatio* du vendeur : « Quæsitum est

[1] L. 4, § 3, ff. *de in diem addict.*—L. 11. ff. *de Revendic.*
[2] L. 20, ff. *de Mortis causâ donationibus.*

« an fundi non sint in eâ causâ , ut a venditrice , vendi-
« cari debeant ex conventione venditionis ? »

Sous Justinien, là propriété peut définitivement se
transférer à temps. Cela résulte des interpolations que
Tribonien a fait subir au texte primitif de la constitution de Dioclétien et de Maximien. Nous avons vu ce
texte, page 37 ci-dessus, c'est le § 283, *fragm. Vatic.*;
voici la rédaction nouvelle : « *Si rerum tuarum* proprie-
« *tatem dono dedisti, ità ut post mortem ejus qui acci-*
« *pit, ad te redirel, donatio valet; cum etiam ad tempus*
« *certum, vel incertum ca fieri potest, lege scilicet, quæ*
« *ei imposita est, conservanda.* » (L. 2, C. *de Donat.*
quæ sub modo...) Toute distinction entre les fonds pro-
vinciaux et les fonds italiques ayant disparu, les mots :
stipendiariorum prædiorum ont été remplacés par ceux-ci :
rerum tuarum; les expressions *donatio irrita est* par
donatio valet; enfin la règle : *Cùm ad tempus proprietas*
transferri nequiverit a fait place à la règle inverse : *Cùm*
etiam ad tempus certum vel incertum ea fieri potest.

Ainsi, la revendication, que les constitutions impériales refusaient au vendeur, lui est accordée par le
droit de Justinien : désormais, le vendeur qui opte
pour la résolution du contrat redevient propriétaire de
plein droit, et est censé par un effet rétroactif n'avoir
jamais cessé de l'être.

Il y a un cas où, suivant nous, le vendeur n'aurait
pas, même dans le droit nouveau, la *rei vendicatio.* C'est
lorsque la chose a été vendue et livrée *a non dominio.* Ici,
l'acheteur mis en possession commence à usucaper *pro*
emptore. Le vendeur qui opte pour la résolution profi-

fera de cette usucapion [1], mais comme il n'a jamais été
propriétaire de l'objet, il ne pourra invoquer le retour
rétroactif du *dominium* sur sa tête, et par conséquent
n'aura, pour se faire remettre la chose, qu'une simple
action personnelle, soit l'*actio venditi*, soit l'action *præscriptis verbis*.

— *Des fruits.* — Un des effets de la vente *sub lege commissoria*, pendant l'intérim, est de donner à l'acheteur
le droit de percevoir les fruits et de les faire siens;
mais cette attribution n'est que provisoire: la condition,
en se réalisant, vient imposer à l'acheteur l'obligation
de les restituer: c'est ce qu'enseigne Ariston dans la
loi 5, ff. *de leg. com.;* il en donne pour raison que l'acheteur
ne saurait bénéficier de sa faute: « *nihil penès eum resi-*
« *dere oporteret ex re in quâ fidem fefellisset.* »

Il y a une autre raison, c'est que l'acheteur qui, déjà
en possession de la chose, conserverait les fruits inté-
rimaires, se trouverait jouir et de la chose et du prix.

Notre loi peut encore s'expliquer comme l'application
d'une théorie générale du droit romain suivant laquelle
le débiteur est contraint de restituer les fruits qu'il a
recueillis, même *ante moram*, toutes les fois que l'action
du créancier tend à une restitution proprement dite [2].

Il est un cas où les fruits ne doivent pas être res-
titués au vendeur, c'est celui où l'acheteur *a payé une
partie du prix en pure perte.* Ce qui est fort équitable,
car, si l'acheteur perd une partie du prix, il trouve au

[1] L. 6, § 1, ff. *de Diversis temporalibus præscript.*
[2] L. 38, §§ 1, 2, 1, 6, ff *de Usuris et fruct* — L. 65, § 5, ff. *de Condict.
indebiti.*

moins quelque indemnité dans le fait de retenir les fruits :
« Sed, quod ait Neratius, habet rationem, ut interdum
« fructus (emptor) lucretur, cum pretium, quod nume-
« ravit, perdidit. Igitur, sententia Neratii tunc habet
« locum, *quæ est humana*, quando emptor aliquam
« partem pretii dedit[1]. »

— *Des accessoires.* — Lorsqu'il a été ajouté quelque
chose comme accessoire à un fonds vendu avec la clause
commissoire et dont la vente a été annulée, l'acheteur
ne doit pas plus en jouir que du fonds principal[2]. C'est
la conséquence de la règle écrite dans la loi 178, ff. *de
regulis juris*, le principal s'éteignant, régulièrement
l'accessoire doit aussi disparaître ; celui-ci en effet n'a
pas d'existence propre et, s'il existe, c'est qu'il tire son
être du principal. L'acheteur est en faute ; il ne saurait
avoir de qualité, même pour demander l'exécution de
l'accessoire du contrat.

Que devra rendre l'acheteur, si la vente avec clause
commissoire a eu pour objet un esclave ? Nous appli-
querons ici, par analogie, la loi 24, ff. *de ædilitio edicto*,
et nous dirons que l'acheteur devra restituer : « *quidquid
« extra rem emptoris per eum servum acquisitum est.* » Car,
ainsi que l'ajoute Gaius, dans la loi précitée : « id jus-
« tum videri reddi oportere. »

— *Des arrhes.* — La *lex commissoria* a quelquefois un
effet pénal : ainsi, l'acheteur a-t-il donné des arrhes ou
payé comptant une partie du prix, il ne pourra rien ré-

[1] L. 4, § 1, ff. *de Lege com.*
[2] L. 6, § 1, *de Lege com.*

clamer si, par le pacte commissoire, la vente est résolue.
Scœvola nous dit formellement dans la loi 6, pr. ff. *de
leg. com.*, que l'acquéreur perd une partie du prix, lorsqu'il l'a donné à titre d'arrhes ou autrement : « ......*id,
« quod arrhæ, vel alio nomine datum esset, apud vendito-
« rem remansurum.* »

Ce qui a lieu à plus forte raison quand il en a été
expressément convenu. C'est pourquoi Antonin dit : « si
« vous avez vendu votre maison de campagne sous la
« condition que celle qui l'a achetée vous en paierait le
« prix dans un certain délai, sinon qu'elle perdrait ses
« arrhes et que vous rentreriez dans votre propriété, vos
« conventions doivent être observées [1]. »

Certains interprètes ne permettent au vendeur de
retenir les à-compte, à titre de dommages-intérêts,
qu'au cas d'une convention formelle à cet égard.
Cette distinction nous paraît arbitraire, et, en présence
du « vel *alio nomine* datum » de la loi 6, nous pensons
qu'il ne faut pas plus rechercher s'il y a eu ou non convention spéciale en matière d'à-compte que lorsqu'il
s'agit d'arrhes.

— *Des détériorations.* — Quand la chose a été détériorée par la faute de l'acheteur et que le vendeur la reprend, ce dernier peut réclamer une juste indemnité :
« Itemque si deterior fundus effectus sit facto emptoris [2]. »
C'est la conséquence du principe général, que personne
ne doit s'enrichir au détriment d'autrui, et de cette cir-

[1] L. 1, C. de *Pactis inter empt. et vend.*—L. 8, ff. *de Lege com.*
[2] L. 1, pr. ff. *de Lege com.*

constance de fait que l'acheteur est en faute. « fidem
fefellit. »

De son côté, le vendeur doit rembourser les impenses
nécessaires, et même les impenses utiles, « quatenus
res pretiosior facta est. »

— *Du droit des tiers.* — L'acquéreur a-t-il aliéné la
chose pendant l'*intérim*, le vendeur pourra revendiquer
contre les tiers eux-mêmes : en effet, son droit de propriété est censé n'avoir jamais cessé, et, puisqu'il est
plein et entier propriétaire, on ne saurait lui refuser
l'action *in rem*. Voici ce que dit Mœstertius à cet égard :
« Resolvitur contractus *ipso jure;* adeò ut dominium
« quod per traditionem emptori obvenit, ad venditorem
« illicò revertatur; unde non solùm actionem persona-
« lem ex vendito...... Sed etiam *rei vendicationem*, non
« tantùm adversùs emptorem, *sed et adversus quemvis*
« *possessorem*, in quem res medio tempore translata
« est...... [1] »

Ce système, on le comprend, présentait de graves inconvénients dans la pratique, surtout appliqué à la législation romaine qui n'avait aucun moyen de publicité pour
porter les modifications de la propriété à la connaissance
des tiers : aussi n'était-il admis que par Ulpien et quelques autres, lorsqu'il fut définitivement consacré par
Justinien.

[1] Mœstertius, *ad Pand*, p. 152.

CHAPITRE VI.

MODALITÉS DU PACTE COMMISSOIRE.

Jusqu'ici nous n'avons parlé que du pacte commissoire ordinaire. Quelquefois on y joint certaines clauses
spéciales, destinées à en augmenter l'efficacité : on peut
convenir, par exemple, que si, après la résolution du
contrat, le vendeur fait une seconde aliénation à un prix
inférieur, l'acheteur sera tenu de la différence. Cette
clause, prévue par la loi 4, § 3, ff. *de leg. com.*, n'est en
réalité que la fixation faite à l'avance par les parties, des
dommages-intérêts résultant de l'inexécution du contrat ; elle a une grande analogie avec les dispositions du
code de procédure civile relatives à la folle enchère.

Comme l'observe Favre [1] sur la loi 4, § 3, c'est un
moyen de rendre *indemne* le vendeur qui n'en est venu
à la vente que par suite d'une gêne excessive « *angustia
rei familiaris* », et qui, maintenant, serait contraint de
chercher un nouvel acquéreur, s'il ne pouvait demander
que la résolution du contrat et non le prix convenu avec
la différence en sus.

Cette clause était presque de style ; au point que certains interprètes ont pensé qu'elle existait de plein
droit, ce que conteste formellement Accurse, au dire de
Favre [2].

— On ajoute quelquefois à la *lex commissoria* cette

[1] FAVRE, *ad Pand.*, liv. XVIII, t. III, l. 4, § 3, p. 352.
[2] FAVRE, *loc. cit.*, p. 353.

clause : que le vendeur qui a reçu une partie du prix pourra, en cas de résolution du contrat pour défaut de payement dans le temps limité, retenir par forme de dommages-intérêts cette partie du prix en reprenant la chose vendue [1].

— La loi 6, § 1, ff. *de contrah. empt.* contient une nouvelle modalité du pacte commissoire : bien que l'acheteur s'engage à payer ce supplément de prix que nous comparions tout-à-l'heure à la folle enchère, il peut en outre convenir qu'il restituera au vendeur tous les fruits perçus par lui avant l'exécution de la *lex commissoria.*

— Enfin, la clause, par laquelle on stipule sans aucune limitation de temps qu'à défaut de payement le contrat sera résolu, est une autre espèce de pacte commissoire. Il ne diffère du pacte ordinaire qu'en ce que, dans celui-ci, il y a un terme d'échéance, un délai limité après lequel sera résolu le contrat, si l'acheteur n'a pas payé.

L'indétermination du temps n'empêche point la validité du pacte commissoire : c'est l'opinion de Bruneman [2] ainsi que celle des docteurs par lui cités.

Telles sont les diverses modalités de la *lex commissoria* ; tel est aussi le pacte commissoire en droit romain.

[1] L. 4, § 1. ff. *de Lege com.*
[2] BRUNEMAN, *ad leg.* 4, ff. *de Lege com.*

ANCIEN DROIT FRANÇAIS.

DE LA RÉSOLUTION DE LA VENTE POUR DÉFAUT DE PAYEMENT DU PRIX.

CHAPITRE Ier.

PAYS DE DROIT ÉCRIT.

Le droit romain, tel que nous l'avons vu formulé dans les fragments insérés au Digeste, était, sauf quelques modifications de détail, la règle des pays de droit écrit.

On y distinguait les ventes à terme des ventes sans terme. Le vendeur avait-il suivi la foi de l'acheteur? Il l'avait rendu propriétaire par la tradition, et dès lors, il n'avait contre lui qu'une action personnelle en payement du prix. Dans le cas contraire, le vendeur demeurait propriétaire malgré la tradition, tant que le prix n'était pas payé, et, en conséquence, il pouvait reprendre la possession de la chose au moyen de la revendication, le contrat se trouvant toujours maintenu et devant être exécuté à la première réquisition de l'acheteur disposé à remplir ses obligations.

Dans l'une comme dans l'autre hypothèse, il n'y avait pas de résolution possible, si ce n'est celle formellement stipulée au moyen du pacte commissoire. Ce pacte était-il inséré dans la vente? L'acheteur était mis en demeure et encourait la résolution par la seule expiration du terme : *dies interpellat pro homine.*

— 48 —

Le vendeur a le choix entre l'exécution du contrat et sa
résolution. Dès qu'il a opté pour l'un des partis, il ne peut
plus varier : *non potest variare*. Le droit écrit admet les mêmes
fins de non-recevoir que le droit romain. Cependant Despeisses
en signale une nouvelle : « Même, dit-il, de ce que le vendeur
« *a laissé la chose à l'acheteur* LONGTEMPS *après le pacte expiré*,
« sans lui en faire la demande, on présume qu'il a renoncé à
« son pacte, comme il a été jugé au parlement de Paris contre
« un vendeur qui se voulait servir de ce pacte deux ans après
« le terme expiré. Automne, *ad tit. de Leg. com. pr. ff.* [1]. »

Certains parlements admettent l'acheteur à purger sa demeure en faisant des offres, même après l'expiration du terme.
Ainsi Catelan[2], cité par Despeisses, nous apprend que, suivant la
jurisprudence du parlement de Toulouse, le pacte commissoire
pouvait être apposé dans un contrat de vente, mais qu'il était
permis de *purgare moram celeri præstatione*. Brodeau sur
Louet, lettre P, somm. 50, admet la même maxime dans les
stipulations de dommages, clauses résolutoires de contrat, et
toutes stipulations pénales.

Ce que nous avons dit des arrhes, accessoires, etc., de la
vente, s'applique ici, selon le témoignage de Despeisses[3]. « Non
« seulement l'acheteur ne peut pas retenir la chose, mais aussi
« il perd ses *arrhes* et tout ce qu'il a baillé au vendeur. Il doit
« rendre ce qui lui avait été baillé comme *accessoire* de la chose
« vendue. Semblablement, il doit rendre les *fruits* qu'il en a
« perçus, sinon qu'il eût payé partie du prix, car, en ce cas, il
« gagne les fruits... Ce pacte a lieu, bien que la chose achetée
« ait été *détériorée* par la faute de l'acheteur, seulement le ven-
« deur agira contre lui *pour être indemnisé* de la dite détério-
« ration. »

[1] DESPEISSES, t. 1, n° 1.
[2] CATELAN, liv. v, ch. xx. — DESPEISSES, t. 1, p. 72, § 3, 7°.
[3] DESPEISSES, t. 1, p. 72, § 3 (3°, 4°, 6°).

Le droit écrit, comme on le voit par tout ce qui précède, n'était pour ainsi dire que la reproduction du droit romain.

CHAPITRE II.

DROIT COUTUMIER.

Deux innovations remarquables sont introduites par le droit coutumier : d'abord un système d'indulgence en faveur de l'acheteur (désormais la clause commissoire n'opère plus de plein droit), puis, une condition résolutoire tacite, sous-entendue dans la vente, pour le cas où l'acheteur ne paie pas le prix.

Dans l'usage, la règle du droit romain *Dies interpellat pro homine* était tombée en désuétude ; plus d'effet de plein droit dans les pays coutumiers, il faut recourir au ministère du juge : « *Hoc ad judicis cognitionem remittendum est.* » Rousseau de Lacombe[1] ajoute : « Stipulation contenant clause résolutoire « est comminatoire ; *moræ purgatio admittitur celeri præsta-* « *tione rei.* » (arrêt 22 déc. 1607, *Louët* pag. 50, *Brod. cod.*) « Il faut nécessairement une sommation et interpellation judi- « ciaire : » (arrêt 16 janv. 1656.) C'est aussi ce qu'enseigne Mornac[2] : « perpetua apud nostros judices regula, legem « commissoriam *non obtinere in Galliâ, nisi post acceptum* « *judicium*, meminique et ita judicatum anno 1614, 19 déc. »

Enfin Pothier[3], résumant avec sa netteté de langage ordinaire les mêmes principes, nous dit : « Notre jurisprudence est

[1] ROUSSEAU DE LACOMBE, *Recueil de jurispr. civ.*, v° *Clause*, n° 9.
[2] MORNAC, *ad leg. 2, C. de Jure emplegt.*
[3] POTHIER, *Vente*, n° 459.

« à cet égard distincte du droit romain : Par celui-ci le pacte
« commissoire était censé avoir opéré de plein droit la résolu-
« tion du contrat de vente, lorsque l'acheteur n'avait pas payé
« dans le temps porté par la convention ; de manière que l'a-
« cheteur ne pouvait pas, par des offres de payement faites
« depuis l'expiration de ce temps, empêcher la résolution du
« contrat.

« Selon notre jurisprudence, le pacte commissoire n'opère
« pas de plein droit la résolution du contrat par défaut de
« payement dans un temps limité ; il donne seulement au
« vendeur, en ce cas, une action pour demander la résolution
« du contrat, qui n'est opérée au moins irrévocablement que
« par la sentence qui, vu cette action, déclare le contrat nul
« et résolu, faute par l'acheteur d'avoir payé. L'acheteur peut
« donc, jusqu'à ce que la sentence soit intervenue, quoique
« après l'expiration du terme, empêcher la résolution du con-
« trat par des offres. »

Le juge pouvait-il accorder un délai ? Domat soutient l'affirmative [1] : « les clauses résolutoires, au défaut de payer au terme,
« ou d'exécuter quelqu'autre convention, n'ont pas l'effet de
« résoudre *d'abord* la vente, par le défaut d'y satisfaire, mais
« on accorde un délai pour exécuter ce qui a été promis...... »
C'est aussi l'opinion de Bourjon qui affirme l'avoir ainsi vu
pratiquer au Châtelet.

Pothier est pour la négative ; suivant lui, « lorsqu'il y a un
« pacte commissoire, le juge, sur la demande donnée après
« l'expiration du temps porté par le pacte, *doit prononcer*
« *d'abord* la résolution du contrat et permettre au vendeur de
« rentrer en possession de la chose vendue [2]...... »

[1] DOMAT, l. I, t. II, sect. 12.
[2] POTHIER, *Vente*, § 475.

Le premier système nous paraît plus équitable et surtout plus favorable à la conservation du droit des tiers. Pourquoi, en effet, prononcer fatalement la résolution du contrat, plutôt que de s'inspirer des circonstances pour accorder un délai habilement calculé qui, tout en respectant les intérêts du vendeur, sauvegarderait les droits concédés sur la chose par l'acquéreur ?

Le pacte commissoire était tellement entré dans les habitudes juridiques au xvie siècle qu'il était devenu de style. Aussi la jurisprudence finit-elle par le sous-entendre dans toutes les ventes, où il ne figure pas expressément. C'était là une application particulière du principe plus général qui prévalut à la même époque : *que tous les contrats synallagmatiques devaient être considérés comme affectés d'une condition résolutoire tacite, pour le cas où l'une des deux parties ne satisferait point à son engagement.*

La principale raison de l'*introduction de la condition résolutoire tacite* pour non payement fut le *désir d'éviter des frais :* « comme le plus souvent, dit Pothier, n° 475, on ne peut, sans « de grands frais, se faire payer de ses débiteurs, on a été « obligé de se départir dans les tribunaux de la rigueur des « principes, et l'on admet un vendeur à demander la résolu- « tion du contrat pour cause de défaut de payement du prix, « quoiqu'il n'y ait pas de pacte commissoire »

La clause résolutoire tacite fut accueillie avec une telle faveur, que l'on n'hésita pas à prononcer la résolution, même lorsque le prix consista dans une rente viagère. Telle fut la pratique du Châtelet et la jurisprudence du parlement de Paris. « Ce principe est si certain, dit Bourjon [1], même *par* « *rapport à une rente viagère* qui formerait le prix du contrat, « que par arrêt du parlement de Paris, du 22 mai 1762, un

[1] Bourjon, *Coutumes de Paris,* t. 1, l. III, tit. IV, ch. IX, n° 1.

« vendeur a été autorisé à rentrer dans les biens par lui vendus
« moyennant une rente viagère, quoiqu'il y eût cette circons-
« tance que les héritages vendus avaient été plus que payés
« par la prestation de la rente pendant dix-huit années, sur
« un pied plus fort que le denier dix, et sans aucune retenue
« d'impositions. »

La condition résolutoire tacite, aussi bien que la clause
expresse, est introduite dans l'intérêt exclusif du vendeur :
car, ainsi que le disait Salvien, prêtre de Marseille [1], le vendeur a toujours une position plus favorable, *invidia penès
emptorem, inopia penès venditorem.*

Le vendeur qui opte pour le payement du prix peut faire
saisir et vendre tous les biens de l'acquéreur : « Le vendeur
« non payé de son prix peut, s'il veut, poursuivre l'exécution
« du contrat et non sa résolution, ce qui est à son choix : dans
« ce cas... il exerce ses actions *sur l'acquéreur et sur ses biens*[2]. »
Le vendeur préfère-t-il reprendre la chose ? Deux moyens lui
sont ouverts : la résolution judiciaire et la réacquisition.

Par le premier, le contrat est détruit jusque dans sa source,
et les contractants mis dans l'état où ils étaient avant la vente;
d'où il suit que les hypothèques du chef de l'acquéreur sont
toutes effacées.

La raison de cet effet rétroactif, c'est qu'il y a résolution pour
une *cause ancienne et inhérente au contrat* : « *Potiùs est distrac-
tus quàm contractus*, » dit Henrys[3]. Loyseau, dans son traité du
Déguerpissement, confirme la vérité de ces principes.

C'est la doctrine de Marcellus et d'Ulpien qui se reflète ici
sur le droit coutumier; nous la retrouverons dans le code
Napoléon, où elle reçoit une consécration définitive.

[1] HENRYS, *Coutumes de Forez*, t. II, l. IV, ch. VI, quest. 41.
[2] POTHIER, n° 460.
[3] HENRYS, t. II, liv. IV, ch. IX, art. 53.

Le vendeur reprend sa chose par voie de réacquisition dans deux cas : le premier se présente *lorsque les parties s'accordent, avant l'expiration du terme, pour mettre l'opération à néant.* Il y a là plutôt une rétrocession qu'une condition résolutoire accomplie ; aussi, point d'effet rétroactif qui puisse atteindre les droits des tiers sur la chose.

Le second cas de réacquisition fut introduit par un usage fort curieux des pays de droit coutumier : on estimait l'héritage, au moment où le vendeur formait sa demande en payement du prix, et celui-ci devenait acquéreur de l'immeuble, moyennant la somme fixée par cette estimation, somme qu'il compensait avec ce qui lui était dû à lui-même. Le vendeur restait, s'il y avait lieu , *créancier de son prix pour le surplus.* C'est ce qu'enseigne Bourjon [1] : « Le vendeur peut « même demander à rentrer en possession de l'héritage par « lui vendu, *suivant l'estimation d'icelui,* au temps de sa ren- « trée... Dans ce cas, il reste créancier pour l'excédant du prix « porté par le contrat de vente au-par-dessus de l'estimation « qui en a été faite ; en effet, l'acquéreur ne peut (en ne « payant pas le prix de son acquisition) préjudicier au ven- « deur, et anéantir l'engagement qu'il a contracté par la « vente et qui subsiste toujours jusqu'à ce qu'il l'ait rempli ; « la juste exécution des contrats légitimes a nécessairement « conduit là. »

Cette seconde espèce de réacquisition était fort judicieuse et offrait un avantage que la loi actuelle ne peut atteindre que par la voie indirecte des dommages-intérêts : l'*estimation de l'héritage* est le seul *criterium* vrai d'une appréciation juste ; les dommages-intérêts présentent l'inconvénient de l'arbitraire.

Dans le cas de réacquisition qui nous occupe, comme dans le précédent, il ne saurait y avoir d'effet rétroactif : l'acquisi-

---

[1]. BOURJON, *Coutume de Paris*, t. 1, liv. III, tit. IV, ch. IV, n°s 3 et 4.

4

tion nouvelle n'opère que pour l'avenir, d'où il résulte que les aliénations et constitutions de droits réels, consentis par l'acheteur pendant l'*intérim* sont maintenus.

Il nous reste à dire quelques mots sur le droit de lods et ventes. Ce droit sera-t-il perçu lors de la résolution judiciaire du contrat? Non, parce qu'elle procède d'une cause *inhérente et nécessaire*.

Quid juris au cas de réacquisition? L'affirmative est soutenue par tous les auteurs pour la réacquisition *amiable*; quant à la réacquisition *forcée*, elle a soulevé des doutes. Il parut pénible à quelques jurisconsultes d'assujettir le vendeur au payement de ce droit. Quoi qu'il en soit, nous nous rangeons à l'affirmative.

DROIT FRANÇAIS.

DE LA RÉSOLUTION A DÉFAUT DE PAYEMENT DU PRIX

(Art. 1654, 1655, 1656 Cod. Nap.)

Nous avons vu que les Romains n'admettaient que la clause résolutoire *expresse* ou pacte commissoire; que, plus tard, les coutumes introduisirent la condition résolutoire *tacite*; étudions le droit nouveau afin de voir ce qu'il a emprunté aux législations antérieures.

CHAPITRE Ier.

GÉNÉRALITÉS.

L'article 1184 C. N. pose un principe général applicable à tous les contrats synallagmatiques : c'est que la condition résolutoire y est toujours sous-entendue pour le cas où l'une des parties ne satisferait pas à son engagement.

Ce principe n'est que *l'extension à tous les contrats nommés* d'une règle d'équité que les Romains avaient restreinte aux contrats *innommés* et d'après laquelle celui qui donnait une chose pour en toucher une autre qu'il ne recevait pas, avait une action personnelle [1] pour répéter ce qu'il avait livré.

[1] Doneau, l. 8, C. *de Contr. empt.*, t. VIII, p. 755.

La vente, contrat synallagmatique par excellence, offre le premier cas d'application de l'art. 1184. Ainsi, l'acquéreur devient propriétaire de la chose par l'effet du contrat, mais il ne l'est que sous la condition de payer le prix convenu; si donc il manque à cette obligation, le vendeur a le droit de demander contre lui la résolution de la vente : « *Si l'acheteur* « *ne paye pas le prix*, porte l'art. 1654, *le vendeur peut deman-* « *der la résolution du contrat.* »

Cet article est général et s'applique à toute espèce de vente.

Quelques auteurs ont prétendu que le vendeur de *meubles*, une fois la livraison faite, ne pouvait demander la résolution de la vente : cette restriction n'est point admissible, et l'on doit se ranger à l'opinion commune, qui décide que le droit de provoquer la résolution pour défaut de payement du prix a lieu dans les ventes de choses mobilières comme dans les ventes d'immeubles.

Toutefois, il importe de ne pas confondre ces deux cas de résolution : dans la vente mobilière, l'on ne peut agir ni contre un tiers possesseur de bonne foi, ni au préjudice d'un créancier qui aurait acquis un privilége préférable à celui que la loi accorde au vendeur. Au contraire, la résolution d'une vente d'immeuble peut être poursuivie contre les tiers acquéreurs ou les créanciers hypothécaires de l'acheteur, et, en général, contre tous ceux qui auraient acquis des droits sur la chose vendue.

L'article 1654 s'applique même aux *meubles incorporels* : ainsi, une vente ou cession de créances peut être résolue à défaut de payement du prix [1].

Il en sera de même de la vente d'un office ministériel [2]. Une

[1] Pau, Arrêt du 24 juin 1841.
[2] Paris, 24 avril 1833.

coupe de bois a-t-elle été aliénée : même solution, pourvu qu'il n'y ait pas eu *revente de bonne foi* à un tiers [1].

La résolution pour défaut de payement s'applique même aux ventes commerciales, c'est-à-dire aux ventes de marchandises consenties à un commerçant par un autre commerçant [2]. Cependant, si l'acheteur était tombé en faillite, le vendeur ne pourrait, sauf l'exception de l'art. 576 C. com., faire prononcer la résolution du contrat.

Il nous reste à examiner la question de savoir si l'action résolutoire du vendeur continue de subsister après que le meuble aliéné a été incorporé à un immeuble, et est ainsi devenu *immeuble par destination* : le vendeur sera-t-il dans ce cas préféré aux créanciers hypothécaires ? — L'affirmative a été soutenue par des auteurs fort recommandables. Ils s'appuient sur ce que : 1° la chose vendue, restant la même et dans les mêmes mains, n'a changé que de destination ou qualité morale ; 2° l'art. 593 c. pr. civ. déclare que le privilège du vendeur demeure intact, malgré la conversion du meuble en immeuble par destination, pourquoi en serait-il autrement du droit de résolution ?

Un second système répond victorieusement à celui-ci : 1° Que l'art. 593 ne permet au vendeur de saisir qu'au cas où personne ne lui dispute ses droits sur la chose vendue (et non lorsqu'il se trouve en concurrence avec des créanciers hypothécaires) ; 2° Que l'acheteur, qui pouvait vendre l'objet et le mettre ainsi à l'abri de la résolution, a pu *a fortiori* le grever de droits auxquels la résolution ne saurait nuire ; 3° Que, du reste, les tiers sont dignes d'intérêt à tous égards : s'agit-il d'un créancier dont l'hypothèque est *postérieure* à l'incorpora-

[1] Bourges, 10 avril 1841.
[2] Paris, 20 juillet 1831.

tion ? Il n'a pas eu à s'enquérir de l'origine du meuble immo-
bilisé ; il l'a cru (2279 C. N.) la propriété de son débiteur : il
ne serait pas juste de le priver d'une portion du gage sur
lequel il a compté. L'hypothèque est-elle *antérieure* à l'incorporation ? La solution devra être la même en vertu de l'art.
2133 C. N. : « L'hypothèque acquise s'étend à toutes les amé-
« liorations *survenues à l'immeuble hypothéqué*. »

4° Le vendeur enfin ne saurait se plaindre d'un pareil résultat ; c'était à lui, lors du contrat , à prendre toutes les précautions nécessaires.

Une troisième opinion , proposée par M. Devilleneuve [1],
consiste à préférer au vendeur le créancier dont l'hypothèque
est *postérieure* à l'incorporation, tout en préférant celui-là au
créancier dont l'hypothèque est antérieure. L'article 2133
C. N. ôte tout fondement à semblable distinction.

Le second système, celui de la négative, nous parait seul
juridique.

CHAPITRE II.

OUVERTURE DU DROIT DE RÉSOLUTION.

La principale obligation de l'acheteur est de payer le prix ;
dès qu'il manque à ce devoir , le vendeur peut demander la
résolution du contrat.

Peu importe que la totalité ou seulement une partie du prix
reste due, la conséquence est toujours la même.

A-t-on vendu par un seul contrat des meubles et des immeubles ? La résolution *totale* sera encourue pour le non-payement du prix des meubles lors même que celui des immeubles
serait intégralement soldé [2].

[1] SIREY, t. 33. 2. 171.
[2] Cass 6 février 1838.

Ainsi, en principe, quelque faible que soit la portion du prix due, l'acheteur encourt la résolution. Il est cependant un cas où le vendeur, quoique non payé d'une partie de la somme, ne peut faire résoudre le contrat : c'est lorsque la vente a eu pour objet des jouissances pendant un certain nombre d'années et que l'acheteur, par suite de force majeure, n'a pas joui pendant la totalité du temps convenu [1].

Le défaut de payement des intérêts du prix d'une vente dont le capital n'est payable qu'aux héritiers du vendeur peut donner lieu à la résolution de la vente [2].

Le retard du débiteur, qui expose le vendeur à recevoir son payement d'une manière différente de celle qui a été stipulée, doit être assimilé au danger de perdre le prix [3]. Cette décision ajoute à la loi et nous paraît excessive : c'est de la législation et non du droit.

Le prix ne doit pas nécessairement consister en une somme d'argent ; il peut se composer de toute prestation équivalente. L'obligation, par exemple, de loger, nourrir et entretenir le vendeur [4] est un véritable prix de vente.

Dans ce cas, comme dans les précédents, nous admettons la résolution pour défaut de payement.

Cependant, si le prix de la vente consiste dans une *rente viagère*, le non-payement des arrérages ne donne pas lieu à la résolution. L'art. 1978 C. Nap. vient ici modifier la disposition générale de l'art. 1654. C'est qu'il serait par trop rigoureux, bien que la rente viagère soit le prix de l'immeuble, de contraindre au remboursement le débiteur, pour avoir quelque temps négligé le service de la rente. Ce serait le priver des

[1] Lyon, 7 mars 1815.
[2] Bourges, 2 avril 1828.
[3] Metz, 30 mai 1816.
[4] Colmar, 23 juin 1857.

avantages du contrat, alors peut-être qu'il a déjà payé une somme supérieure aux fruits perçus.

Mais si le vendeur ne peut pas rentrer dans le fonds aliéné, il aura, suivant le même article 1978, le droit de saisir et faire vendre les biens de son débiteur, puis, de faire ordonner ou consentir, sur le produit de la vente, l'emploi d'une somme suffisante pour le service des arrérages.

Lorsqu'une vente a été consentie, partie pour une somme d'argent, partie pour une rente viagère, le défaut de payement des arrérages de la rente ne donne point lieu à la résolution [1].

Dans l'hypothèse inverse, c'est-à-dire, si les arrérages avaient été soldés, mais non le prix ni les intérêts du prix, nous admettrions la résolution, tout au moins pour partie.

Jusqu'ici nous nous sommes placés dans le cas le plus ordinaire, celui où aucune stipulation n'est venue altérer les principes de la rente viagère; mais, pour être complet, nous devons ajouter que les parties peuvent toujours *convenir expressément* que, faute de payement des arrérages, la vente sera résolue, et que le vendeur aura le droit de rentrer dans le fonds aliéné.

Il est même une hypothèse dans laquelle, indépendamment de toute stipulation expresse, les juges peuvent prononcer la résolution pour non-payement des arrérages, c'est lorsque l'immeuble est saisi par un tiers, et que le débiteur ne peut fournir *aucune* garantie pour le service de la rente [2]. Cette espèce n'est que l'application du principe écrit dans l'art. 1977:
« Celui au profit duquel la rente viagère a été constituée,
« moyennant un prix, *peut demander la résiliation* du contrat,
« *si le constituant ne lui donne pas les sûretés stipulées pour son*
« *exécution.* »

[1] Orléans, 6 février 1835.
[2] Dijon, 14 mars 1817.

Le prix de vente qui consiste dans une *rente perpétuelle* n'empêche point le vendeur de demander la résolution à défaut de payement. Ici, l'art. 1978 n'est plus applicable, car la vente n'a pas un caractère aléatoire comme dans la rente viagère.

Sera-t-il nécessaire d'attendre deux années sans payement ? Non. L'art. 1912 n'exige ce délai que pour le cas où le crédirentier veut contraindre le débiteur au remboursement du capital ; or, dans notre hypothèse, le créancier réclame, non le rachat de la rente et la remise du capital, mais la résolution de la vente et la restitution de la chose vendue.

Lorsque les parties ont fixé le prix à une certaine somme d'argent, puis le convertissent en une rente annuelle et perpétuelle, l'action résolutoire pourra-t-elle encore s'exercer ? En d'autres termes, y aura-t-il novation ? Suivant quelques auteurs, c'est une question d'intention : l'on doit distinguer si, dans l'esprit des parties, la rente a été *réellement* le prix de la vente, ou si, la somme convenue, on l'a plus tard constituée en rente.

A nos yeux, la conversion du prix n'est, en général, qu'un mode de payement qui laisse subsister les droits du vendeur dans toute leur intégrité, et qui n'altère la dette primitive, ni dans son principe, ni dans son caractère.

Lorsqu'une vente a été faite pour un prix payable seulement à la mort du vendeur, mais à la charge par l'acquéreur de solder jusque-là une rente annuelle, le seul défaut de service des arrérages de cette rente donne lieu à la résolution du contrat[1]. M. Troplong approuve cette solution par la raison que, quand bien même on pourrait trouver dans une telle convention *quelques-uns des traits d'un contrat aléatoire*, le motif prédominant était celui d'une vente ordinaire, résolutoire dans le cas de l'art. 1654.

[1] Bourges, 2 avril 1828.

Quelquefois, enfin, le prix se compose d'une somme pour partie et d'une rente perpétuelle pour le surplus ; il est évident qu'ici, quelle que soit la valeur non payée, qu'elle représente une partie de la somme, ses intérêts ou les arrérages de la vente, il y aura toujours lieu à résolution.

Avant de terminer ce chapitre qui traite de l'ouverture du droit de résolution, nous devons répondre à la question suivante : *Qui peut demander la résolution ?* Le vendeur seul a le droit de demander la résolution de la vente pour défaut de payement du prix. C'est dans son intérêt exclusif que ce droit a été introduit : « *Si volet venditor exercebit, non etiam invitus* [1]. » D'ailleurs, le défaut de payement est une faute de la part de l'acheteur ; il est l'inexécution d'un engagement que ce dernier avait pris : l'on ne comprendrait pas dès lors qu'il pût s'en prévaloir.

Cette question présente quelque intérêt quand il s'agit d'une dation en payement : par exemple, Paul, mon débiteur de 1,500 fr., me passe vente d'un immeuble, s'il ne me paye pas dans un an ; ce délai expiré, je ne pourrai plus demander que la propriété de l'immeuble. Quant aux 1,500 fr., il ne m'est pas permis de les réclamer, car j'ai renoncé à ma créance en acceptant la dation en payement ; *je ne puis donc capricieusement abandonner la vente, lorsque, surtout, mon vendeur en remplit toutes les conditions.* Henrys [2] justifie cette solution, d'ailleurs assez évidente par elle-même, par deux décisions, l'une du Sénat de Turin, l'autre de celui de Mantoue.

Disons enfin que le cohéritier ou le copartageant, à la différence du vendeur, ne peut exercer l'action résolutoire pour défaut de payement soit des soultes, soit du prix de la licitation : c'est la conséquence du principe posé par l'ar-

---

[1] L. 3, ff. *de Leg. com.*
[2] HENRYS, t. II, p. 338. 9.

ticle 833 C. N. que le partage et la licitation (entre cohéritiers) sont simplement déclaratifs et non pas translatifs de propriété.

La jurisprudence nous présente cependant une exception : aux colonies et spécialement à la Martinique, le cohéritier vendeur d'un immeuble indivis a, contre le cohéritier acheteur qui ne paye pas son prix, l'action en résolution ou de déguerpissement établie par la déclaration du 25 août 1726 [1].

C'est le cas de répéter avec l'adage latin : « *exceptio firmat regulam.* »

Ce que nous avons dit de la licitation entre cohéritiers s'applique aussi à la *vente de droits successifs* que ferait un cohéritier à son cohéritier : ce n'est en effet qu'un mode de partage. En vain, les parties auraient-elles voulu lui imprimer le caractère d'une vente ordinaire; les principes sont ici de rigueur, et il n'appartient à personne de donner à un acte essentiellement déclaratif la dénomination et les effets d'un acte translatif de propriété.

C'est donc à tort, selon nous, que le contraire a été jugé par un arrêt de Montpellier du 19 décembre 1855,—rapp. avec Req. 12 août 1856. D. p. 57, 1, 8.

CHAPITRE III.

DEUX ESPÈCES DE CONDITIONS RÉSOLUTOIRES A DEFAUT DE PAYEMENT DU PRIX.

La condition résolutoire produit des effets différents suivant qu'elle a été simplement sous-entendue dans l'acte de vente, conformément à l'art. 1184, ou qu'elle a fait l'objet d'une clause expresse : ces effets sont déterminés pour l'une et pour l'autre hypothèse par les articles 1655 et 1656.

[1] Cass., 11 janv. 1848.

§ 1er.

L'article 1655 C.-N., qui traite de la condition résolutoire *tacite*, est ainsi conçu : « La résolution de la vente d'*immeubles*
« est prononcée de suite, si le vendeur est en *danger de perdre*
« *la chose et le prix*. — Si ce danger n'existe pas , le juge
« *peut* accorder à l'acquéreur un délai, plus ou moins long
« suivant les circonstances. — Ce délai passé sans que
« l'acquéreur ait payé, la résolution de la vente *sera* pronon-
« cée. »

Ainsi la résolution tacite n'opère pas de plein droit, et le juge peut accorder un délai, suivant les circonstances. Des dou-
tes s'étaient élevés au sujet des ventes de meubles : dans ce cas, disaient certains auteurs, la résolution opère de plein droit : la preuve, c'est que l'art. précité ne parle d'accorder un délai qu'en matière de vente immobilière. C'est là une erreur facile à combattre si l'on se reporte aux articles 1654 et 1184 qui contiennent la règle en cette matière. Le premier dit que la réso-
lution pour non-payement devra être *demandée* au juge ; le second que la clause tacite dans les contrats synallagmatiques *n'opère jamais de plein droit*. Ces expressions sont générales et se rapportent aussi bien aux ventes de meubles qu'à celles d'immeubles.

Le juge pourra-t-il toujours accorder un délai à l'acheteur qui n'aura pas payé son prix ? Ici nous devons, comme le fait l'article 1655, distinguer le cas où la vente est immobilière de celui où elle n'est que mobilière.

S'agit-il d'immeubles ? le texte est formel : les tribunaux pourront accorder un délai si *le vendeur n'est pas en danger de perdre la chose et le prix*.

Ce danger est-il possible ? des auteurs ont soutenu la négative , objectant que le vendeur possède un droit réel sur la

chose. — Sans doute le vendeur pourra réclamer, en vertu de son privilége, l'immeuble entre les mains des tiers, mais il y a des cas où le droit de suite n'est pas une garantie suffisante : si, par exemple, l'acquéreur d'une maison la détériore et la démolit, le vendeur sera en danger de perdre et la chose et le prix. — Il en est de même, si l'acheteur d'une forêt en abat la superficie avant d'en payer le prix. — La jurisprudence nous fournit un nouvel exemple : il y a lieu à *résolution immédiate* et il ne doit pas être accordé de délai, quand il s'agit d'empêcher les immeubles vendus et non payés de tomber dans une succession extrêmement embarassée, et d'une liquidation très-difficile à opérer [1].

Ainsi, pas de doute sur la possibilité du « danger de perdre « la chose et le prix. » Mais, comme tout dépend ici des « cir- « constances », le législateur n'a pu prévoir les espèces et s'en est rapporté à la souveraine appréciation du magistrat.

Après le délai expiré, la résolution de la vente sera nécessairement prononcée; un nouveau délai ne saurait être accordé. Cela résulte du texte final de l'art. 1655.

Lorsqu'il sagit de *vente mobilière*, et que le vendeur demande la résolution pour défaut de payement du prix, le juge peut-il accorder un délai? En d'autres termes, l'art. 1655 est-il applicable aux meubles? La négative semble résulter à l'évidence de la lettre même du texte cité. De plus, on peut dire que dans les ventes de meubles, le vendeur *est toujours en danger de perdre la chose et le prix*, à cause de la facilité qu'a l'acheteur de faire disparaître l'objet. Enfin, le prix des choses mobilières est susceptible de promptes *variations*. Si donc, à l'expiration du délai qui aurait été accordé, la résolution était prononcée, il serait possible qu'alors le prix des choses ven-

[1] Orléans, 2 janvier 1847.

dues eût subi une baisse constituant un grave préjudice pour
le vendeur.

Malgré ces raisons, qui nous paraissent péremptoires, de
rares auteurs soutiennent l'affirmative et permettent au juge
d'accorder dans les ventes mobilières comme dans les ventes
immobilières, un délai pour effectuer le payement.

§ II.

Jusqu'ici nous n'avons parlé dans ce chapitre que de la condition résolutoire tacite ; il y a aussi la condition *expresse* : le
vendeur a-t-il stipulé que faute de payement du prix dans un
terme convenu, la vente sera résolue ? Ce pacte, que les Romains appelaient *lex commissoria*, est valable.

Voici ce que porte l'art. 1656 : « S'il a été stipulé lors de la
« *vente d'immeuble* que, faute du payement du prix dans un
« *terme convenu*, la vente serait résolue de plein droit, l'acqué-
« reur peut néanmoins payer après l'expiration du délai, tant
« qu'il n'a pas été mis en demeure par une *sommation* ; mais
« après cette sommation, le juge ne peut pas lui accorder de
« délai. »

Ainsi, la clause résolutoire est-elle expresse ? Le juge ne
peut vérifier les causes du retard et accorder une prorogation
de délai. Le contrat est *virtuellement résolu* par l'accomplissement de la condition. L'art. 1183 ne laisse pas d'équivoque à
cet égard. Il est la règle générale à laquelle il faut se rattacher ;
l'article 1184 n'y déroge que pour la clause tacite.

Mais il y a un point sur lequel le droit français a innové :
le vendeur d'immeubles, porte l'art. 1656, pourra offrir valablement son prix, tant qu'il n'aura pas été mis en demeure
par une sommation.

C'est là une modification apportée aux principes du droit

romain, suivant lesquels toute offre postérieure à l'expiration du terme était sans effet.

Cette modification est la conséquence d'une règle posée dans l'art. 1247 : « ..... *le payement doit être fait au domicile du dé-* « *biteur.* » Il faut donc que le créancier l'aille chercher et constate par une sommation que le débiteur n'est pas prêt à l'époque fixée. — Les motifs du code nous en donnent une autre raison : c'est que l'acquéreur *n'a pas été suffisamment averti* *par le contrat,* « la rigueur de la vente pouvait être adoucie « par la volonté de l'homme; *le silence du vendeur fait présumer* « *son indulgence* : une sommation positive peut seule empêcher « ou détruire cette présomption. » (Discours de M. Portalis.)

Mais quel sera l'effet de la sommation ? Empêchera-t-elle l'acheteur de purger la demeure par des offres faites avant le jugement prononçant la résolution ? Une vive controverse s'est élevée sur ce point.

On a signalé, dans l'intérêt de l'acheteur, la différence qui existe entre l'art. 1655 et l'art. 1656 : le premier ordonne au juge de *prononcer la résolution de la vente* lorsque l'acheteur n'a pas payé dans le délai de grâce, tandis que l'art. 1656 défend seulement au juge *d'accorder un délai* après la sommation, prohibition qui serait, dit-on, complétement inutile si la réso- lution de la vente devait être prononcée.

M. Duranton invoque un argument de fait : « ... Il pourrait « arriver que l'acheteur ne se trouvât pas chez lui au moment « où l'huissier se présenterait pour faire sommation, et qu'on « eût choisi ce moment tout exprès... » M. Delvincourt argu- mente aussi de ce que les exploits ne sont *presque jamais* *signifiés à la personne;* il ajoute que l'acheteur *à même pu* *oublier le délai fixé !*

« Duranton, t. xvi, § 37.

« Delvincourt, t. iii, note , p. 78.

Pour réfuter ces motifs, il suffit de rappeler que l'acheteur qui n'a pas payé est en faute, et que sa faute ne saurait lui profiter. Vous invoquez l'irrégularité ordinaire des significations d'exploit, l'absence possible de l'acquéreur, son oubli même de payer, en vérité ! Je ne sache pas que de pareilles raisons puissent militer en sa faveur !

Que dit en définitive l'article 1656 ? « Que l'acquéreur peut « payer après l'expiration du délai, *tant qu'il n'a pas été mis en* « *demeure par une sommation.* » Ces termes sont formels : ils signifient que la déchéance est *acquise après la sommation* comme elle l'était à Rome par la seule expiration du délai : L'acheteur ne pourra donc plus payer, ni offrir valablement le prix après la sommation.

Il est facile, d'ailleurs, en comparant le texte de l'art. 1656 avec ce qu'enseignaient autrefois Pothier et Domat, de reconnaître l'intention du législateur. D'après Pothier [1] : « l'ache- « teur pouvait payer jusqu'à ce que la sentence fût intervenue » et empêcher par des offres la résolution du contrat. Domat [2] allait plus loin et décidait que, non-seulement le défaut de payement n'entraînait pas la nullité du contrat, mais « qu'on « pouvait accorder *un délai* pour ce qui avait été promis. » Appelés à opter entre la rigueur des lois romaines et une doctrine qui rendait le pacte commissoire à peu près inutile, les rédacteurs du Code Napoléon ont pris un terme moyen : ils ont laissé l'acheteur libre de payer après l'expiration du délai ; mais, rejetant l'opinion de Pothier dans la première partie de l'art. 1656 et celle de Domat dans la seconde, ils n'ont pas plus permis à l'acheteur *de faire des offres* après la sommation, qu'ils n'ont permis au juge de lui accorder *de délai.*

Pour se convaincre que l'art. 1656 a été rédigé dans ce sens,

[1] POTHIER, *Vente,* n° 160.
[2] DOMAT, l. 1, tit. 11, sect. 12, n° 12.

— 69 —

il suffit de jeter les yeux sur l'exposé des motifs : « On demande,
« disait M. Portalis , si l'acquéreur peut utilement , après le
« délai , satisfaire à ses obligations ? L'affirmative est incon-
« testable *tant que cet acquéreur n'a pas été mis en demeure par*
« *une sommation.* » — « L'acquéreur, disait M. Grenier, pourra
« bien payer, même après l'expiration du délai , tant *qu'il*
« *n'aura pas été mis en demeure par une sommation.* »

Ainsi donc, plus d'offres possibles après la sommation : son
but n'est pas en effet, comme l'ont pensé à tort des auteurs, de faire payer le débiteur dans un certain délai, 24 heures par exemple, mais sur-le-champ , comme en matière de
protêt ; car le protêt , ainsi que l'observe Toullier [1], n'est
autre chose que la sommation destinée à constater le défaut de
payement d'un billet ou d'une lettre de change.

— Les parties pourraient-elles convenir que la vente serait
résolue de droit et *sans sommation ?*

L'affirmative nous semble résulter du rapprochement des
articles 1183-1139-1184-1656.

A la différence du droit romain qui annulait la vente de
droit et sans sommation, notre ancienne jurisprudence, adop-
tant les principes du droit canonique, regardait la plupart des
clauses résolutoires comme *comminatoires* , et n'attribuait au
pacte commissoire d'autre effet que de donner lieu à une demande en résolution. Aujourd'hui la condition résolutoire
expresse *opère de droit* suivant l'art. 1183 ; la résolution du
contrat et la mise en demeure résultent de la seule échéance
du terme , lorsque les parties l'ont expressément déclaré
(1139). Ce n'est que pour la condition résolutoire *tacite* que
l'art. 1184 exige un jugement ; l'art. 1656 a donc dérogé à
la règle générale posée par les articles 1139 et 1183.

En déclarant que la sommation ne sera pas nécessaire , l'a-

[1] TOULLIER, t. VI, p. 606.

5

cheteur ne fait que renoncer à un bénéfice qui n'est certes pas
d'ordre public : cette doctrine est généralement suivie.

— Nous en avons fini avec la condition résolutoire expresse
en matière d'immeubles ; il reste à nous demander si l'art. 1656
est applicable aux ventes mobilières. Non : l'article, ainsi que
les termes l'indiquent, est spécial *aux ventes d'immeubles.*
S'agit-il de meubles ? l'expiration du délai opère virtuellement ;
le vendeur n'a *pas besoin de faire une sommation* pour mettre
l'acheteur en demeure, et ce dernier n'est pas admis à payer
hors des termes stipulés. Nous lisons dans les motifs du Code,
que : « Les raisons de différence entre les ventes d'immeubles
« et les ventes de denrées ou effets mobiliers sont *sensibles.* Les
« denrées et effets mobiliers ne circulent pas toujours dans le
« commerce avec le même avantage ; il y a une si *grande va-*
« *riation* dans le prix de ces objets que le moindre retard peut
« quelquefois occasionner un *préjudice irréparable :* les immeu-
« bles n'offrent pas les mêmes inconvénients. »

Ajoutons que, s'il était utile de maintenir la résolution *de
droit et sans sommation* dans les ventes mobilières ; il importait
de l'éviter en matière d'immeubles où elle entraîne de très-
graves conséquences : ainsi elle trouble de longues possessions ;
elle ébranle les droits des tiers.

Tels sont les motifs qui ont présidé à la rédaction de l'article 1656.

Nous connaissons maintenant les deux conditions résolutoires à défaut de payement ; passons à l'étude de l'action
qu'elles produisent.

CHAPITRE IV.

DE L'ACTION EN RÉSOLUTION.

Tous les auteurs accordent au vendeur non payé une action

résolutoire ; il n'y a de divergence entre eux que sur le caractère de cette action.

Selon M. Duvergier, lorsque l'action est dirigée contre l'acheteur lui-même, elle est *pure personnelle ;* M. Troplong la qualifie de *mixte.*

Est-elle intentée contre un tiers acquéreur ? ces deux auteurs la disent *réelle ;* M. Carré soutient qu'elle est *mixte,* Poncet qu'elle est *personnelle.*

L'ancienne jurisprudence considérait généralement l'action résolutoire comme *mixte.* C'est ce qu'enseigne Loyseau[1] : « Que « si, en quelque action, se trouve une marque personnelle et « une marque réelle, il faut conclure que telle action est *mixte.* « Telles sont les actions qui dans le droit sont appelées *actiones* « *personales in rem scriptæ* , qui, quant au sujet où elles rési- « dent, semblent réelles, pour ce qu'*elles suivent la chose* et « non la personne ; quant à la forme et à la conclusion, sem- « blent être personnelles, pour ce qu'*elles sont dirigées contre* « *la personne* et non contre la chose... »—§ 6. « De cette espèce, « ajoute Loyseau, sont toutes les actions rescisoires, les *révo-* « *catoires* , etc. » Furgole nous dit aussi que *les révocatoires sont mixtes*[2].

Aujourd'hui, l'action résolutoire, suivant nous, est encore mixte lorsque l'acquéreur primitif n'a pas aliéné la chose : en effet, elle tend d'une part à la résolution du contrat, exécution d'une convention tacite ou expresse , elle est donc *personnelle ;* d'un autre côté, elle tend, comme conséquence de la résolution, à la revendication de la chose, elle est donc aussi *réelle.* Un arrêt de cassation du 8 avril 1862[3] confirme notre opinion.

L'acquéreur primitif a-t-il aliéné l'objet vendu ? Il faut dis-

---

[1] Loyseau, *de l'Action mixte,* liv. II, ch. II , nos 5 et 6.
[2] Furgole, *Testam,* t. II , ch. VII , sect. III , n° 100
[3] J. P., p. 1863, p. 389.

tinguer le cas où le privilége du vendeur a été conservé et celui où l'on a négligé de le faire. Au premier, l'action subsiste avec son double caractère : elle est *écrite sur la chose* et la suit en quelque main qu'elle passe. Mais au second, si elle survit comme *personnelle pure*, elle n'est plus réelle et cesse d'être opposable aux tiers à qui l'acquéreur a transmis des droits sur l'immeuble (art. 7, l. 1855).

— L'action résolutoire est *mobilière* ou *immobilière*, suivant la nature de la chose vendue : « *actio quæ tendit ad mobile est mobilis, ad immobile immobilis.* »

— Cette action est *divisible*, tant du côté du vendeur que du côté de l'acheteur, lorsque l'objet de la vente est lui même divisible. Le vendeur laisse-t-il plusieurs héritiers ? chacun d'eux peut exercer l'action résolutoire pour sa part et portion. Toutefois, contraindre ainsi l'acquéreur à subir une résolution partielle a paru rigoureux à certains esprits, aussi M. Troplong applique-t-il ici, par analogie, l'art. 1670, qui dispose en ces termes pour le cas de réméré : « L'acquéreur peut exiger que tous les covendeurs ou tous les cohéritiers soient mis en cause, afin de se concilier entre eux pour la reprise de l'héritage entier ; et, s'ils ne se concilient pas, il sera renvoyé de la demande. » L'art. 1685 renvoie au précédent pour l'exercice de l'action en rescision, mais nul texte ne le fait pour l'action résolutoire. Il y a plus : entre la résolution et le réméré, la parité est très-imparfaite ; dans l'une, l'acquéreur est en faute de n'avoir pas rempli ses engagements ; dans l'autre, aucune faute ne saurait lui être imputée. Ainsi donc, pas d'analogie, et, loin d'étendre l'art. 1670 à l'action résolutoire, l'on doit dire avec l'adage : « *Ubi lex distinguit et nos distinguere debemus.* » — Quelle que soit la rigueur de la loi, il faut éviter de faire de la législation et non du droit.

L'action en résolution est également divisible du côté de

l'acheteur. Si donc, il a laissé plusieurs héritiers, le vendeur peut agir en résolution contre chacun d'eux pour sa part et portion : il peut aussi actionner les uns et non les autres.

L'art. 1220 : « L'obligation qui est susceptible de division doit « être exécutée entre les créanciers et le débiteur, comme si « elle était indivisible » n'est pas applicable en matière de résolution; par suite, si l'acquéreur avait revendu une partie de la chose, le vendeur pourrait borner l'action qu'il exercerait contre lui à la portion [1] restée entre ses mains.

L'acheteur primitif ne saurait se plaindre de la résolution partielle, car c'est par son fait que le principe d'indivisibilité de l'art. 1220, C. N., reste sans effet.

Le vendeur primitif, non payé en totalité, peut aussi exercer son action à l'égard d'un sous-acquéreur *partiel*. L'offre de son prix ne le mettrait pas à l'abri de la résolution [1].

— Le droit de faire résoudre la vente à défaut de payement du prix est *cessible*; ainsi, il pourra être exercé, non-seulement par l'héritier, mais encore par le cessionnaire ou délégataire du vendeur [2].

Le prêteur, qui a été subrogé aux actions, droits et priviléges d'un vendeur (art. 1250 1°), comme ayant fourni les deniers pour payer le prix de la vente, succède au droit de résolution appartenant à ce vendeur comme à son privilége [4]. Il en serait de même du cessionnaire d'une partie de la créance, et cela, malgré le payement fait pour le surplus du prix [5].

Du principe que le droit de demander la résolution n'est pas purement personnel et intransmissible, résulte cette consé-

[1] Cass., 30 avril 1827.—Bourges, 31 juillet 1852.
[2] Rouen, 1er juin 1840.
[3] Amiens, 4 mars 1863.
[4] Cass. 25 août 1841.
[5] Paris, 12 février 1811.

quence : que les créanciers du vendeur peuvent l'exercer de son chef (1166, C. N.) ; comme le vendeur lui-même, ils ont le droit d'opter entre l'action en résolution et la demande du prix.

— Nous avons vu que l'action en résolution était mixte « *personalis in rem scripta* », mobilière ou immobilière, divisible, cessible ; demandons-nous maintenant contre qui elle doit être portée, devant quel tribunal ; enfin, si elle est susceptible de deux degrés de juridiction.

Pour répondre à la première question : *contre qui doit s'intenter l'action résolutoire ?* il faut distinguer deux cas : la chose est-elle entre les mains de l'acheteur originaire ? pas de difficulté ; c'est contre lui et contre lui seul évidemment que l'acheteur doit agir.

L'objet est-il passé en d'autres mains par donation, vente, échange ou autrement ? le vendeur a le choix entre ces trois partis : actionner à la fois et l'acquéreur primitif et les tiers détenteurs, ou actionner séparément soit l'acquéreur, soit les tiers.

La première manière de procéder va plus directement au but : en effet, si le vendeur actionne et l'acquéreur et les tiers, la résolution du contrat est prononcée contre le premier ; quant aux autres, qui ont la possession actuelle, ils sont condamnés au délaissement de l'immeuble.

Au contraire, le vendeur n'actionne-t-il que l'acheteur originaire ? le jugement obtenu contre ce dernier ne sera point exécutoire contre les détenteurs qui pourront toujours l'attaquer par voie de tierce opposition, et même prétendre que la résolution, justement prononcée contre l'acquéreur, ne doit pas l'être contre eux tiers, protégés par quelque fin de non-recevoir spéciale.

Le vendeur pourra-t-il actionner le tiers détenteur seul.

omisso medio, ou plutôt *actore* ? L'affirmative n'est pas douteuse pour le cas où le tiers a été chargé par son contrat de
payer le prix dû au vendeur *originaire*. Mais, s'il n'y a pas de
convention à cet égard, nous préférons la négative : le tiers ac-
tionné directement pourra donc exiger qu'au préalable le vendeur fasse prononcer contre l'acquéreur primitif la résolution
du contrat [1].

Il ignore, en effet, si le prix de vente a été payé, tant que le
non-payement n'a pas été judiciairement constaté.

— Devant quel tribunal doit être portée l'action en résolution ?

La réponse est facile, maintenant que nous avons déterminé
la nature de l'action. Si la chose n'a pas été aliénée par
le premier acquéreur, l'action sera portée au choix du vendeur, soit devant le tribunal du domicile de cet acquéreur
soit devant celui de la situation de l'immeuble (Art. 59 4°
C. Pr. C.).

La chose a-t-elle été aliénée ? Les mêmes tribunaux sont
encore compétents, si le vendeur actionne en même temps
l'acquéreur et les tiers détenteurs.

Agit-il contre l'acquéreur originaire seul ? Il n'y a de compétent que le tribunal du domicile de ce dernier.

— Il nous reste à voir si l'action en résolution est ou non
susceptible de deux degrés de juridiction. Cette question ne
peut être tranchée d'une manière absolue. Pour apprécier les
degrés de compétence, ici, comme dans toute affaire de droit
commun, il faut s'attacher *à la valeur réelle de la chose rendue*,
et non point au prix fixé par l'acte de vente. Tel sera le *criterium*.

[1] Bourges, 22 février 1812.

CHAPITRE V.

FINS DE NON-RECEVOIR.

Le *payement* intégral du prix ou la *consignation* valable de cette somme, soit par l'acquéreur primitif, soit par le tiers acquéreur, soit même par un tiers intéressé au payement de la vente, tel que le créancier de l'acquéreur ou du tiers acqué-reur, est généralement indiqué comme une première fin de non-recevoir.

Il en serait de même d'une *renonciation expresse* à l'action résolutoire. Si, dans un acte quelconque, le vendeur a déclaré renoncer au droit de faire résoudre la vente pour défaut de payement du prix, il ne sera plus recevable ultérieurement à former son action : « *unusquisque juri suo potest renuntiare.* » Pas de difficulté pour le cas de renonciation expresse.

La *renonciation tacite* sera aussi une fin de non-recevoir. Mais, quand y aura-t-il renonciation tacite ? Il importe ici de distinguer les principes de notre droit d'avec ceux de la législation romaine. Suivant cette dernière, le vendeur deman-dait-il, au cas de pacte commissoire, le payement du prix, il était présumé renoncer à la clause insérée en sa faveur, et la vente devenait pure et simple.

En droit français, où la condition résolutoire est tacite et existe de plein droit, la même solution ne saurait être admise. Le vendeur qui demande le payement conserve quand même l'action résolutoire pour réclamer la chose, si le prix ne lui est pas soldé lors de ses poursuites. Il y a mieux : ce n'est qu'après la sommation de payer, préliminaire naturel et in-dispensable (1655-1656), que le vendeur peut se pourvoir en justice pour demander la résolution.

On ne verra pas non plus de renonciation tacite dans le fait d'avoir saisi les meubles de l'acquéreur pour obtenir paye- ment [1], ni dans celui d'avoir reçu des à-compte [2].

Au contraire, il y aura renonciation tacite lorsque, par exemple, le vendeur aura *provoqué, autorisé* ou *approuvé* soit la revente de gré à gré d'un immeuble, soit la constitution d'hypothèques ou de servitudes sur la chose vendue : tout dépend ici de l'intention présumée des parties, de mille cir- constances de fait qu'il appartient au juge seul d'apprécier.

Il y aura encore renonciation tacite si le vendeur, au lieu de poursuivre la résolution de la vente pour non-payement, se fait revendre l'immeuble [3]. Le vendeur, en effet, possède la chose à un titre nouveau dans lequel vient se confondre et se perdre son titre primitif.

— Le nouvel article 717 C. pr. civ. contient une fin de non- recevoir spéciale aux ventes judiciaires à la suite de saisie- immobilière : « ... L'adjudicataire *ne pourra être troublé dans « sa propriété par aucune demande en résolution* fondée sur le « défaut de payement du prix des anciennes aliénations, à « moins qu'avant l'adjudication la demande n'ait été notifiée « au greffe du tribunal où se poursuit la vente... Si la demande « a été notifiée en temps utile, il sera sursis à l'adjudication, « et le tribunal fixera le délai dans lequel le vendeur sera tenu « de mettre à fin l'instance en résolution... » Ce délai peut ensuite être prorogé ; mais, si le demandeur le laisse écouler sans l'utiliser, l'adjudicataire demeure affranchi de toute ac- tion du chef des anciens vendeurs, sauf *i* ceux-ci à faire valoir leurs titres dans la procédure de distribution.

[1] Limoges, 21 août 1814.
[2] Agen, 31 janvier 1826.
[3] Sédan, 13 déc. 1855, Rapp. avec Req. D. P. 57-1. 83.

La même loi du 2 juin 1841 (art. 838 C. pr.) a étendu cette limitation du droit de résolution aux *adjudications par suite de surenchère sur aliénation volontaire*, tandis que les ventes volontaires, les licitations, ventes de biens de mineurs, etc., sont restées soumises au droit primitif, quant à l'effet de la résolution vis-à-vis des tiers.

— Une autre fin de non-recevoir résulte du défaut de transcription du titre (ou d'inscription du privilège); nous en parlerons dans un chapitre spécial.

— Enfin, la prescription peut encore mettre obstacle à l'exercice de l'action résolutoire.

Entre le vendeur et l'acheteur, ce droit se prescrit par trente ans (2262 C. Nap.), que le contrat soit relatif à des meubles ou à des immeubles. Au cas de nouvelle aliénation, il s'éteint au profit du tiers de bonne foi, par le fait même de l'aliénation, lorsqu'il s'agit d'une chose mobilière, et par la prescription de dix ou vingt ans, s'il s'agit d'un immeuble et *qu'en outre de la bonne foi* il y ait juste titre (2265).

La bonne foi existe même au cas où le sous-acquéreur sait que le prix n'a pas été soldé; si cependant il avait été chargé par son contrat de payer le vendeur, il ne pourrait invoquer qu'une prescription trentenaire [1].

Le tiers détenteur pourra-t-il joindre la possession du premier acheteur à la sienne, afin de former les dix ou vingt ans? Non : l'acheteur primitif ne prescrit pas à l'effet d'acquérir, mais seulement à *l'effet de se libérer* de son obligation de payer le prix.

Mais un troisième acquéreur pourrait joindre à sa possession celle de son propre vendeur, car ils prescrivent l'un et l'autre à l'effet d'acquérir.

[1] Limoges, 19 janvier 1824.

Telles sont les fins de non-recevoir opposables à la demande en résolution.

CHAPITRE VI.

EFFETS DE LA CONDITION RÉSOLUTOIRE.

Il nous reste à parcourir les effets de la condition résolutoire à défaut de payement du prix : nous les étudierons sous deux points de vue, d'abord *avant l'accomplissement de la condition*, puis *après la résolution prononcée ou effectuée.*

Au premier cas, le contrat est pur et simple dans son principe ; la vente est parfaite, elle doit être exécutée, car l'obligation qu'elle produit n'est pas suspendue, mais seulement sa résolution.

La propriété et la possession passent donc sur la tête de celui qui a acheté avec la condition résolutoire expresse ou tacite, et elles continuent d'y résider jusqu'à l'accomplissement de la condition. De là les conséquences suivantes : 1° l'acheteur fait les fruits siens *pendente conditione*; 2° la chose est à ses risques, les aliénations qu'il consent sont valables, sauf l'événement de la condition ; 3° il peut intenter l'action possessoire, prescrire la chose contre des tiers, etc., etc.

Tels sont les effets *immédiats* de la condition résolutoire.

Quant aux effets *postérieurs* à l'accomplissement de la condition, ils reposent sur le principe écrit dans l'art. 1183 : la résolution « *remet les choses au même état que si l'obligation (la* « *vente) n'avait pas existé.* »

Une première conséquence, c'est que l'immeuble revient dans les mains du vendeur *libre* de toutes les charges dont l'acquéreur a pu le grever : « *Nemo plus juris in alium transferre* « *potest quam ipse habet* » (Art. 2125 C. Nap.). Du moment où le droit de l'acheteur est anéanti pour le passé comme pour l'avenir, les droits qu'il avait pu constituer sur la chose durant sa possession temporaire, sont pareillement anéantis (arg. de l'art. 1673).

Les acquéreurs ou créanciers de l'acheteur primitif ne sauraient s'en plaindre, car ils ont à se reprocher, comme l'observent Basnage et Pothier, de n'être pas intervenus dans l'instance, pour demander à payer au vendeur le prix entier ou ce qui en restait dû.

C'est au sous-acquéreur, ajoute Duranton, à se faire présenter les quittances de l'acheteur; en effet, l'absence de quittances laisse présumer le non-payement du vendeur originaire. Cependant, si le tiers avait été trompé par la remise d'un *acte de vente énonçant que le prix était payé,* il n'aurait plus à redouter l'action résolutoire [1]: en effet, le contenu de l'acte primitif équivaut à une quittance du prix.

Les baux passés de bonne foi par l'acquéreur doivent être maintenus, nonobstant la résolution de la vente par défaut de payement du prix. La règle de l'art. 1673 *in fine* trouve ici son application; elle est trop juste pour ne pas devoir être acceptée par analogie.

Si la résolution de la vente ne brise pas les baux faits par l'acheteur, les payements de loyer qui ont eu lieu en vertu de ces baux doivent certainement être maintenus de la même manière. Il est évident que les *preneurs ont valablement payé à celui avec lequel ils avaient valablement contracté.* Ajoutons qu'il n'y aura pas de différence à établir entre les loyers payables en argent et les fermages consistant en prestation de fruits provenant de la chose aliénée.

Le vendeur a le droit de répéter contre l'acquéreur *tous les fruits* que ce dernier a perçus : c'est la conséquence de ce que

[1] Douai, 10 mars 1849.

l'acquéreur d'un immeuble produisant des fruits doit l'intérêt de son prix jusqu'au jour du payement ou de la consignation : il ne peut en effet, profiter en même temps et des fruits et de l'intérêt du prix. — De plus, il savait que faute par lui de payer au terme convenu, la résolution serait prononcée avec effet rétroactif; il est donc de mauvaise foi.

Les fruits ne peuvent être répétés que contre l'acheteur lui-même et non contre des tiers libérés vis-à-vis de celui-ci avant la résolution. Ces derniers ont pu, en effet, ignorer que le prix de la chose fût encore dû au vendeur originaire. Par suite, ils ont possédé de bonne foi et gagné les fruits (549-550 C. N.)

Le vendeur, de son côté, doit restituer les *à-compte* reçus sur le prix ; il doit aussi *les intérêts des à-compte*. Autrement, il cumulerait la jouissance de la portion du prix qu'il a reçue avec la jouissance de la chose vendue, ce qui serait contraire à l'équité.

Quelquefois l'on convient que la résolution s'effectuera *sans répétition de deniers* [1] ou que *les à-compte* reçus resteront au vendeur *à titre de dommages-intérêts* [2]. Dans ces cas, le bénéfice de la clause est acquis au vendeur.

On s'est demandé si celui-ci pouvait *opter* entre les fruits que la chose a produits ou le payement de l'intérêt du prix. La négative nous paraît certaine : le permettre serait en effet contraire à ce principe que la résolution rétablit les choses au même état que s'il n'y avait pas eu de vente. *Dès que le vendeur a choisi la résolution du contrat, il ne peut plus exiger que les fruits de la chose et non les intérêts du prix* [3].

L'acheteur doit tenir compte au vendeur de toutes les *détériorations* survenues par sa faute, et, de son côté, le vendeur

---

[1] Req., 31 janv. 1837.
[2] Orléans, 14 août 1815.
[3] Cass. 23 juillet 1834.

doit rembourser les impenses nécessaires et même les impenses utiles « *quatenùs res pretiosior facta est* » ; il peut toutefois se dispenser du remboursement de ces dernières en permettant à l'acheteur d'enlever ses améliorations.

La chose a-t-elle été détériorée par un sous-acquéreur? celui-ci n'est point obligé vis-à-vis du vendeur : car on ne peut lui reprocher d'avoir négligé un objet qu'il regardait comme sien.

Le sous-acquéreur a-t-il élevé des constructions sur la chose? Il ne peut être contraint de les supprimer, et le vendeur, qui a obtenu la résolution, doit lui rembourser ou la valeur des matériaux et de la main-d'œuvre, ou la plus-value (art. 555 C. N.).

Enfin, les *frais* de la vente primitive, les *dépenses de l'instance* en résolution (art. 130 C. pr. civ.) restent à la charge de l'acheteur; c'était aussi l'opinion de Pothier [1] : « A l'égard de « tout ce qu'il en a coûté à l'acheteur pour faire l'acquisition « dont le vendeur n'a pas profité, tels que sont les frais de « contrat, le centième denier, les profits féodaux ou censuels « que l'acheteur a payés pour son acquisition, le vendeur n'est « point tenu d'en indemniser l'acheteur; au contraire, si ces « droits n'avaient pas été acquittés par lui, et que le vendeur, « après être rentré dans l'héritage, fût inquiété pour raison « desdits droits, ce serait à l'acheteur de l'indemniser..... Le « coût de la sentence qui prononce sur cette action la résolu- « tion du contrat, ensemble tous les dépens faits pour y par- « venir et pour la mettre à exécution, doivent être supportés « par l'acheteur. »

[1] POTHIER, *Contrat de vente*, n° 170.

CHAPITRE VII.

MODIFICATIONS APPORTÉES AU DROIT DU CODE NAPOLÉON PAR L'ARTICLE 7 DE LA LOI DU 23 MARS 1855, SUR LA TRANSCRIPTION.

De l'étude que nous avons faite sur la résolution à défaut de payement du prix, il résulte que des différences importantes séparent ce droit du privilége du vendeur.

Accessoire de la créance résultant du contrat de vente, le privilége a pour objet *d'assurer le payement du prix;* la résolution, au contraire, est une ressource réservée au vendeur pour le cas où il n'obtiendrait pas son payement. Le premier est soumis à certaines formes qui sont les conditions de sa conservation, et, d'un autre côté, les tiers acquéreurs peuvent le faire disparaître en remplissant *certaines formalités* que la loi détermine et qu'on désigne sous le nom de purge. L'action résolutoire subsiste par elle-même, comme toutes les autres actions, et ne s'éteint que par l'effet d'une *renonciation* de celui à qui elle appartient ou par la prescription.

D'où l'on avait conclu, avant la loi de 1855, l'indépendance du privilége et de l'action en résolution. Si cette règle était favorable au vendeur, elle présentait mille dangers pour les tiers. L'action résolutoire rarement écrite, presque toujours sous-entendue dans les contrats, n'était *pas rendue publique.* En général, *elle ne pouvait être purgée;* vainement l'immeuble avait-il été vendu, vainement le prix avait-il été distribué aux créanciers inscrits; le vendeur non payé, qui avait laissé échapper son privilége, qui s'était laissé forclore à l'ordre, avait le droit de reprendre l'immeuble entre les mains des tiers acquéreurs, et les créanciers, payés à l'ordre, étaient forcés de rapporter le prix.

Pour remédier à ce mal, trois systèmes furent proposés : le premier consistait dans la suppression de l'action résolutoire à l'égard des créanciers inscrits ; le second supprimait l'action vis-à-vis des tiers quand elle n'avait pas été expressément stipulée, et, de plus, mentionnée dans l'inscription d'office de l'art. 2108 C. N. ; le troisième, proposé par M. Rouher, alors garde des sceaux, assujettit l'action en résolution à la même publicité que le privilége : il proclame leur *dépendance*.

Ce système est reproduit par l'art. 7 de la loi du 23 mars 1855 : « L'action résolutoire établie par l'art. 1654 du Code « Napoléon ne peut être exercée après l'extinction du privilége « du vendeur, *ou préjudice des tiers qui ont acquis des droits sur* « *l'immeuble du chef de l'acquéreur*, et qui se sont conformés « aux lois pour les conserver. »

L'action subsiste par conséquent avec tous ses effets, nonobstant l'extinction du privilége , contre l'acquéreur, contre ses héritiers ou autres représentants à titre universel, contre ses créanciers chirographaires, contre toutes personnes, en un mot, qui ne seraient pas des *tiers*, mais de simples ayant-cause de l'acquéreur.

Ajoutons que la loi ne s'occupe ici des priviléges et des hypothèques qu'au point de vue du *droit de suite*, qu'elle ne règle que *les rapports de créancier à tiers acquéreur* , et non ceux de créancier à créancier : le droit de préférence reste sous l'empire des principes du Code Napoléon. De là, il résulte que l'expression, « *tiers qui ont acquis des droits sur l'immeuble du chef de l'acquéreur* » , ne comprend que les acquéreurs postérieurs et à titre singulier de l'immeuble, ainsi que les créanciers hypothécaires de ceux-ci [1].

---

[1] Bressolles, § 91.—Fons, *Précis*, § 66.—Mourlon, *Examen critique*, § 378.

De quelque manière que s'opère l'extinction du privilége, elle entraîne toujours avec elle la perte de l'action résolutoire. Parcourons quelques espèces.

Paul, vendeur, a *négligé* d'inscrire son privilége ; Primus, acheteur, n'a pas trancrit son titre ; Secundus, sous-acquéreur, s'empresse de faire transcrire son acte de vente. Or, l'action en résolution s'éteint dès que, faute d'une inscription en temps utile, le privilége s'éteint lui-même ; d'où la conséquence que si les 15 jours de la vente primitive sont expirés, le vendeur Paul ne pourra plus inscrire son privilége, et, par suite, perdra et privilége et droit de résolution.

Le vendeur qui donne *mainlevée* de son privilége et qui, par cela même, autorise la radiation de son inscription, ne conserve pas son action résolutoire. Cela résulte à l'évidence des paroles prononcées par M. Rouher, à l'Assemblée législative : « Quand j'aurai aliéné ma propriété, disait-il, si je *néglige* de « conserver mon privilége, si j'en donne *mainlevée*, je perdrai, « par voie de conséquence forcée, le bénéfice de mon action « résolutoire [1]..... »

Pourrait-on, tout en donnant mainlevée du privilége, stipuler la réserve de l'action en résolution ? M. Mourlon répond que « *le droit de résolution, pourvu qu'il soit inscrit, demeure in-dépendant du privilége.* » L'auteur n'a pas fait attention que la loi ne demande nulle part l'inscription de l'action résolutoire ; que, par conséquent, une fois l'inscription du privilége rayée, il ne saurait en subsister d'autre, car, suivant M. Rouher, « *la publicité du privilége lui-même constitue la publicité de l'action résolutoire.* »

Il y a plus : cette stipulation serait ce qu'on appelle « *pro-testatio contra factum.* » Ignorée des tiers, elle aurait tous les

[1] *Moniteur* du 15 déc. 1850.

inconvemenls de la clandestinité, et la radiation du privilége, opérée en conséquence de la mainlevée, contribuerait encore à entretenir la fausse sécurité des tiers, en leur faisant penser que le vendeur a été payé.

La *mainlevée de l'inscription*, aussi bien que celle du privilége, entraîne la perte de l'action résolutoire. On devra la considérer comme une renonciation, alors même que la transcription du contrat aurait eu lieu. Autrement la mainlevée ne présenterait aucune utilité; or, il est de principe que, dans le doute, les actes doivent être interprétés dans le sens avec lequel ils peuvent produire un effet (art. 1157, C. N.).

La *péremption de l'inscription du privilége* entraîne encore la perte de l'action résolutoire.

Observons cependant qu'un vendeur qui, au lieu de faire inscrire son privilége, aurait fait transcrire son titre, n'aurait point à redouter la péremption de 10 ans. En effet, la transcription, qui *vaut ici inscription* (art. 2108, C. N.), n'est assujettie par aucun texte au renouvellement décennal, et la déchéance, prononcée par l'art. 2154 pour le cas d'inscription, est de droit étroit et ne peut s'étendre par analogie.

Le privilége qui n'a pas été rendu public par l'inscription ou la transcription avant *la déclaration de faillite*, est perdu (art. 448 C. Com.); l'action résolutoire sera aussi éteinte (Arg. de l'art. 7, l. 1855). Du reste, comme l'observe M. Troplong [1], le vendeur ne peut se plaindre de sa propre négligence; rien ne l'empêchait de se prémunir « en stipulant que la vente ne « serait parfaite et la propriété transférée qu'autant que la « transcription aurait été effectuée d'une manière utile; sinon « qu'elle serait comme non avenue. »

Suivant MM. Rivière et Huguet [2], le vendeur pourra inscrire

[1] Troplong. *Transcript*, § 295.
[2] Rivière et Huguet, *Transcript.*, § 275.

son privilége et , par suite, conserver son action en résolution jusqu'au moment où les syndics prendront inscription *au nom de la masse* (Art. 490 C. Com.). Cette solution nous parait arbitraire en présence des termes si explicites des art. 2146,C. Nap., 448, C. Com., et 7, l. 1855.

L'inscription du privilége *prise dans les dix jours* avant le jugement déclaratif de faillite conservera l'action résolutoire du vendeur, pourvu que la vente soit *antérieure* à ces dix jours (448 C. Com.).

La *déconfiture*, ou état d'insolvabilité dans lequel se trouve un non-commerçant, ne met point obstacle à l'inscription du privilége et à la conservation de l'action résolutoire.

La *cession de biens* n'aura pas non plus les conséquences d'une déclaration de faillite : elle annonce, il est vrai, le mauvais état des affaires, mais elle ne constitue pas de mauvaise foi et permet encore de prendre inscription sur l'immeuble.

L'inscription du privilége du vendeur *prise depuis l'ouverture d'une succession acceptée bénéficiairement*, est insuffisante pour conserver l'action résolutoire (Arg. 2146 — 7, l. 1855).

Cette solution est conforme à la loi, mais non à l'équité; aussi proposa-t-on de la supprimer lors du projet de réforme hypothécaire de 1850 : « Le gouvernement et la commission, « disait le rapporteur, M. de Vatimesnil, s'accordent à deman- « der la suppression de cette disposition (2146, 2°)... Il n'existe « aucune raison sérieuse pour priver les créanciers du droit de « prendre inscription. *La mort de leur débiteur et l'acceptation* « *bénéficiaire ne doivent pas rendre leur condition plus mau-* « *vaise.* »

La loi belge du 16 décembre 1851, moins absolue que la commission de l'Assemblée législative, déclare (art. 48) que « les droits de privilége ou d'hypothèque acquis, et qui n'au- « raient pas été inscrits avant le décès du débiteur, ne pour-

« ront plus l'être que *dans les trois mois* de l'ouverture de la
« succession... »

C'est là une modification fort équitable du Code Napoléon ;
toutefois, la loi belge ne proclame encore qu'imparfaitement
le vrai principe : ce délai de trois mois n'est qu'un premier pas
vers la théorie plus large et en même temps *seule juste* de M. de
Vatimesnil.

Point d'action résolutoire contre le *curateur à succession vacante*, lorsque l'inscription du privilége du vendeur est postérieure au décès de l'acheteur (Arg. *à fortiori* de l'art. 2146, 2°).

La loi du 9 messidor an III le disait expressément : « Ne sont
« pareillement susceptibles d'aucune hypothèque, portait
« l'art. 12 de cette loi, les condamnations obtenues contre
« l'hérédité acceptée sous bénéfice d'inventaire ou le *curateur*
« *à succession vacante.* »

La raison en est que l'état d'insolvabilité est rendu notoire
par l'abstention des héritiers.

Grenier [1] nous apprend que certains esprits ont argumenté
de l'art. 443 C. Com. pour établir que non-seulement le vendeur ne pourrait inscrire son privilége après l'acceptation bénéficiaire ou la vacance, mais encore dans les dix jours anté-
rieurs comme au cas de déclaration de faillite. C'est là, ainsi
que le remarque l'auteur, une analogie forcée, une opinion
incompréhensible de la part de jurisconsultes sérieux. Cette
erreur a été consacrée par le parlement de Flandre [2].

Telles sont les diverses circonstances où le privilége du vendeur et son action résolutoire sont solidaires l'un de l'autre à
l'encontre des tiers et vivent d'une vie commune.

Il est un *cas* cependant où *l'action en résolution subsiste après
l'extinction du privilége* (Art. 11 4° l. 1855) : c'est lorsque le ven-

[1] GRENIER, *Rég. Hyp.*, t. 1, § 120 *in fin.*
[2] MERLIN, *Question de droit*, v° *Succession vacante*, § 1er.

deur, qui avait perdu son privilége au moment où la précédente loi devenait exécutoire, aura requis l'inscription de son action résolutoire dans les six mois, à partir de la même époque.

Cette disposition est purement transitoire.

Quelquefois , c'est le *privilége qui survit à l'action résolutoire*. En effet, aux termes de l'art. 717 c. pr. civ., le précédent vendeur de l'immeuble saisi qui n'a pas été payé doit notifier sa demande de résolution avant l'adjudication , à peine de déchéance. Mais son privilége lui reste, s'il l'a fait inscrire en temps utile. M. Troplong nous donne la raison de cette différence : «Il importe, pour économiser les frais , pour exciter le
« zèle des enchérisseurs, pour la dignité même de la justice
« qui préside à l'opération , que toute chance d'éviction soit
« autant que possible écartée de l'adjudication, au moment où
« elle se fait. Mais, *dans la vente amiable* , il n'y a pas les mêmes
« motifs pour séparer le privilége de l'action résolutoire et
« pour écarter celle-ci tandis que le privilége subsiste encore. »
Cet alinéa est donc spécial à la vente forcée [1].

Tout ce que nous avons dit de l'action résolutoire, au cas de vente volontaire,doit être appliqué à *l'action en résolution d'un échange pour défaut de payement d'une soulte*. Suivant M. Flandin [2] l'art. 7, l. 1855 ne parlant pas de la solidarité du privilége et de l'action résolutoire du coéchangiste, il s'en suivrait que ces deux droits seraient indépendants l'un de l'autre. Cette décision nous paraît peu conforme à l'esprit de la loi nouvelle. Qu'a voulu en effet le législateur? *protéger les tiers* contre la clandestinité de l'action résolutoire. Qu'importe que cette action prenne sa source dans une vente ou dans un échange avec soulte, puisque ce dernier n'est autre qu'un *échange et*

[1] TROPLONG, *Transcript*.
[2] FLANDIN, § 1227.

une vente pour partie? Le Code Napoléon accorde un privilége pour cette soulte, sans distinguer, comme l'ancien droit [1], si elle excède ou non la moitié de la valeur totale; tout le monde reconnaît au coéchangiste, créancier du prix, un droit de résolution : ces deux droits doivent être soumis à l'article 7.

Il y a, du reste, un argument de texte positif dans l'art. 1707 : « *toutes les* autres *règles prescrites pour le contrat de vente s'ap- pliquent d'ailleurs à l'échange.* » Il est évident que le légis- lateur de 1855 n'avait pas oublié cette règle.

L'art. 7 ne renvoie qu'à l'art. 1654; faut-il en conclure que l'action résolutoire tacite sera seule solidaire du privilége, et que l'action résolutoire expresse en restera indépendante ? Non; disons avec M. Troplong que : « l'action en résolution « expresse n'est qu'une variété de l'action résolutoire instituée « en général par l'art. 1654...; l'art. 1656 met en pratique le « principe *que le vendeur non payé peut demander la résolution* « *de la vente...* Cet article, comme l'art. 1655, n'est que *l'orga- « nisation* de la règle écrite dans l'art. 1654 [2]. »

Ajoutons que M. Rouher ne faisait pas de distinction entre la clause expresse et la clause tacite, mais les confondait l'une et l'autre, afin de les soumettre à la même condition de viabilité. L'esprit de la nouvelle loi, c'est qu'une vente d'immeubles ne soit pas résolue *au préjudice des tiers*, à défaut de payement du prix, lorsque ceux-ci ont pu croire à l'extinction de la créance du vendeur. Or, qu'il s'agisse de résolution expresse ou tacite, la négligence du vendeur à s'inscrire induit toujours les tiers en erreur; donc, pour être parfaite, la loi devra em- brasser aussi bien l'hypothèse de l'art. 1656 que celle de l'ar- ticle 1654 : « *eadem est vis taciti et expressi.* »

Disons enfin que l'art. 7 de la loi de 1855 est applicable

[1] POTHIER, *Communauté*, nº 197.
[2] TROPLONG, *Transcript.*, § 301.

même aux ventes *antérieures* à sa date. (Arg. de l'art 11 4°).
Cet article vient protéger une partie des anciennes ventes
contre l'article 7; c'est donc que ce dernier leur est applicable.

Il nous reste à conclure de tout ce qui précède : que la loi
nouvelle *maintient* la clause résolutoire tacite ou expresse,
mais que c'est sous la condition de puiser dans la *publicité*
l'énergie que la convention seule ne peut lui donner contre
les tiers.

CHAPITRE VIII.

MODIFICATIONS APPORTÉES PAR LE DROIT COMMERCIAL.

Existe-t-il, en matière commerciale, un droit de résolution à
défaut de payement du prix ? Le doute s'empare de l'esprit si
l'on s'attache à la lettre même des textes. Nous voyons en effet
que les articles 550, 574 et suiv. C. Com. parlent de privilége,
de revendication, etc., mais nulle part il n'est question d'une
manière directe de la résolution.

Cependant, si l'on approfondit l'étude des articles cités, l'on
s'aperçoit bientôt que le droit de revendication dont parle
l'art. 576, n'est pas un droit de revendication ordinaire; qu'au
lieu de reposer comme celui-ci sur la propriété, il a pour
principe une résolution ; qu'enfin, ce que le code de commerce
appelle *revendication des objets vendus* n'est autre chose que la
résolution consacrée par les articles 1184-1654, C. N.

Nous avons vu dans nos prolégomènes combien ce droit est
simple, naturel, favorable aux affaires; il eût paru étrange
que le droit civil le consacrât et que le droit commercial, où
il trouve des applications beaucoup plus fréquentes, lui re-
fusât tout accès.

Dans le commerce surtout, il importe au vendeur confiant de se garantir contre la ruine et l'entraînement par des résolutions de contrat. Toutefois, l'importance des opérations, la fréquence des sinistres, les variations de cours, ont dû inspirer au législateur certaines précautions que n'exigeait pas le droit civil. De là des inductions plus rigoureuses qui ont pour but de maintenir la bonne foi dans les relations ; de là aussi des textes restrictifs et spéciaux que nous allons parcourir.

La première idée qui frappe l'esprit, c'est qu'ici la résolution ne s'applique qu'à des *ventes mobilières* : les immeubles ne sont en effet jamais réputés marchandises.

Opère-t-elle de plein droit ? Non. La règle générale des art. 1184-1654, C. N., est seule suivie. Le juge, sur la demande des vendeurs, prononcera la résolution ; il pourra même, « *suivant les circonstances* », accorder un délai. Observons, ainsi que nous l'avons déjà fait sur l'art. 1655, que ce pouvoir restera le plus souvent sans application, car il y aura danger de perdre et la chose et le prix.

Les parties ont-elles stipulé un pacte commissoire ? Cette clause opérera de plein droit : c'est surtout en matière de commerce que la convention fait la loi des parties.

Le vendeur non payé peut opter entre l'exécution du contrat et sa résolution ; mais, pourra-t-il varier dans son choix ? MM. Delamarre et Lepoitevin, qui admettent l'affirmative pour le droit civil, adoptent la négative en droit commercial, parce que permettre au vendeur de changer, ce serait l'autoriser à *suivre par sa demande* « les variations du cours[1]. »—Suivant M. Massé, le vendeur qui a opté pour l'exécution, sans obtenir son prix, restera recevable à provoquer la résolution[2] : il n'y a d'exception que pour le cas de pacte commissoire, où toute action en

[1] Delamarre et Lepoitevin, t. III, p. 595.
[2] Massé, t. III, §§ 1310-1311

payement postérieure à l'échéance du délai devrait être considérée comme une renonciation au droit de résolution. — Suivant le même auteur, la *demande en résolution* manifeste l'intention du créancier de se départir du contrat, et ne lui laisse plus la faculté d'en réclamer ensuite l'exécution : « *Electâ unâ vià, non datur recursus ad alteram.* » — Quelque soit la différence qui sépare ce second système du premier, nous ne pouvons l'accepter : selon nous, ici, de même qu'en droit civil, l'affirmative est seule vraie. L'acheteur est en faute ; il ne saurait se plaindre : du reste, aucun texte ne l'y autorise.

Jusqu'ici nous avons parlé de la vente commerciale à un point de vue général ; si nous nous plaçons dans l'hypothèse d'une faillite, de nouveaux principes régissent la matière.

L'art. 550 C. Com. porte : « *Le privilége et le droit de revendication,* établis par le n° 4 de l'art. 2102, C. civ., au profit « *du vendeur d'effets mobiliers, ne seront point admis en cas de « faillite.* »

On s'est demandé si cette disposition n'était pas également applicable, par identité de raison et même par *à fortiori*, à l'action résolutoire. L'affirmative est généralement admise et par la jurisprudence et par les auteurs. La cour de Paris le décide dans deux arrêts, l'un du 24 août 1839, l'autre du 8 août 1845[1]. — M. Renouard, dans son ouvrage sur les faillites[2], nous apprend qu'anciennement « *l'on refusait la résolution des « ventes de marchandises faisant l'objet du commerce du failli et « qui entraient dans le mouvement commercial de ses affaires..... « On ne peut plus conserver, sous la loi nouvelle, de doute « sur l'impossibilité d'admettre l'action en résolution... Les motifs et l'esprit de l'art. 550 repoussent manifestement cette action.* »

[1] S. 39. 2. 533.—S. 45. 2. 540.
[2] RENOUARD, *Faillites*, t. II, 263.

La solution affirmative n'est du reste que la conséquence de la similitude que MM. Bravard, Rivière, etc., signalent entre la résolution et la revendication de l'art. 576.

Le principe que la faillite de l'acheteur fait perdre au vendeur son droit de résolution est trop absolu. Refuser ce droit au vendeur, lorsqu'il est facile de constater l'identité de ces marchandises, *lors, surtout, que l'acheteur ne les a pas encore reçues*, « c'est ruiner le *crédit* et nuire principalement aux villes de fabrique [1]. » Car personne ne voudra plus livrer avant d'être payé. — Il y a même un cas où refuser la résolution est une injustice : un négociant, à la veille de faire faillite, s'est empressé de multiplier les commandes afin de grossir fictivement son actif et de se préparer un concordat. De quel droit les créanciers autres que le vendeur profiteraient-ils des marchandises *qui n'ont pas été payées de leurs deniers, et qui, n'ayant pas été payées non plus par leur débiteur, ne lui ont jamais appartenu?*

Le législateur de 1838, comme le rédacteur primitif du Code de commerce, a compris la force de ces raisons; aussi consacre-t-il, dans l'art. 576, *la revendication des marchandises vendues et non payées.*

Nous l'avons déjà dit, cette revendication n'est autre chose que le droit de résolution lui-même : ce n'est pas comme propriétaire, *c'est seulement comme ayant droit au prix de la chose dont par la vente il a cessé d'être propriétaire*, que le vendeur « agit; et, en définitive, s'il revendique, c'est parce qu'en admet- « tant son action le tribunal a prononcé la *résolution de la vente* « et l'a par suite réintégré dans le droit de propriété que la vente « lui avait fait perdre [2]. »

Trois conditions sont exigées pour l'exercice de la revendication ou résolution :

[1] RENOUARD, *Faillites*, t. II, art. 576 C. com., p. 341.
[2] BRAVARD, p. 618.

1° Que les marchandises ne soient entrées ni dans les *magasins* de l'acheteur failli, ni dans ceux du commissionnaire chargé de les vendre pour le compte de ce dernier;

2° Qu'avant leur arrivée elles n'aient pas été revendues à un tiers de bonne foi, sur factures, connaissements ou lettres de voiture *signées de l'expéditeur* ;

3° Que l'identité soit bien constatée.

Ainsi, contrairement à l'ancien art. 579, il importera peu « que les balles, barriques ou enveloppes dans lesquelles « étaient les marchandises avant la vente, aient ou non été « *ouvertes*... les cordes ou marques enlevées... changées...»

Que signifie l'expression « *magasins* » de l'art. 576? Tous les auteurs s'accordent à reconnaître que ce mot doit être pris dans un sens large : la tradition sera effectuée si la marchandise a été transportée dans un chantier, une cour, un lieu quelconque, à la disposition du failli ou de son commissionnaire.

L'usage des lieux est-il de faire les ventes dans le port, sur les quais, rives, etc., les marchandises, quand l'acheteur en a pris possession dans ces lieux de vente, doivent être assimilées à celles qui seraient entrées dans ses magasins.

Il serait facile de multiplier les exemples; c'est à la sagesse des tribunaux à décider s'il y a eu vraie mise en possession de l'acheteur.

Quant à la condition d'identité, disons que, lorsque l'objet a été *dénaturé* par le fait de l'homme, il n'y aura plus de résolution possible ; que si, au contraire, *l'altération* vient d'un cas fortuit, elle n'empêchera pas l'exercice du droit.

Le vendeur qui agit en résolution doit *restituer à la masse non-seulement les à-compte* qu'il a reçus, « ce qui est fort juste, » dit Bravard, mais encore *tous les frais* qui ont été faits à l'occasion de la chose, tels que frais d'emmagasinage, d'assurance, etc. « La disposition contraire, ajoute le même auteur,

« m'eût paru *plus logique*, car il n'y a nullement de la faute
« du vendeur, *qui devrait être replacé dans la même position*
« *qu'avant la vente.* » Bien que ce dernier argument ait quelque
valeur, nous ne partageons pas l'opinion de M. Bravard. La
disposition finale de l'art. 576 nous paraît fort équitable : l'on
ne saurait, en effet, sans injustice, faire supporter à la masse
des créanciers des frais qui n'ont eu pour but que l'intérêt du
vendeur ; ce dernier, du reste, aura toujours à se reprocher
sa confiance dans un acheteur insolvable.

Il nous reste, pour terminer nos observations sur les modifications apportées par le Code de commerce au droit commun
en matière de résolution, à traiter rapidement la question de
compétence.

Voici les termes de l'art. 579 : « Les syndics pourront, avec
« l'approbation du juge-commissaire, admettre les demandes
« en revendication : s'il y a contestation, le *tribunal* pronon-
« cera après avoir entendu le juge-commissaire. »

Ce que l'article dit de la revendication s'applique à la résolution : les syndics pourront admettre la demande si le juge-
commissaire ne s'y oppose pas ; ils auraient même un autre
droit que consacre l'art. 578 : celui « d'exiger la livraison des
« marchandises, en payant au vendeur le prix convenu entre
« lui et le failli. »

Lorsque les syndics et le juge-commissaire ne tombent pas
d'accord sur l'admission de la demande en résolution, le tribunal de commerce est seul compétent pour statuer sur l'espèce. Cela résulte à l'évidence des derniers mots de l'art. 579 :
« S'il y a contestation, le *tribunal* prononcera *après avoir en-*
« *tendu le juge-commissaire.* »

CHAPITRE IX.

MODIFICATIONS APPORTÉES PAR LE DROIT ADMINISTRATIF.

La résolution pour défaut de payement du prix, dans les ventes où figure l'État comme partie, est régie en principe par le droit commun ; toutefois, d'importantes modifications ont été nécessitées par certaines considérations d'utilité générale.

Et d'abord il importe dans une *vente de biens du domaine de l'État*, lorsqu'une raison puissante en ordonne l'aliénation non-seulement d'observer des formalités rigoureuses qui lient l'acheteur, mais encore d'ouvrir un moyen facile de résolution pour le cas de non-payement.

De là une faculté toute spéciale consacrée par la loi du 13 floréal an X : « Les acquéreurs en retard de payer aux « termes fixés, porte l'art. 8 de cette loi, *demeureront dé-* « *chus de plein droit*, si, dans la quinzaine de la contrainte « à eux signifiée, ils ne se sont pas libérés : ils ne seront pas « sujets à la folle enchère, mais ils seront tenus de payer, par « forme de dommages-intérêts, une amende égale au 10ᵉ du « prix de l'adjudication, dans le cas où ils n'auraient encore « fait aucun payement, et au 20ᵉ s'ils ont délivré un ou plu- « sieurs à-compte, le tout sans préjudice de la restitution des « fruits. »

Ainsi, l'adjudication des biens du domaine de l'État est *réso-* *lue de plein droit*, à défaut de payement dans la quinzaine de la signification de la contrainte. C'est là une exception aux principes du Code Napoléon.

Cette déchéance présente un caractère doublement étrange : bien qu'opérant de plein droit, elle est révocable, elle est aussi restituable.

Si les faits ou les clauses de l'adjudication justifient le retard du payement, et que cependant un arrêté préfectoral prononce la résolution, deux recours sont ouverts : l'un devant le ministre des finances, l'autre au conseil d'État [1].

Le droit de l'administration est-il incontestable? L'acheteur pourra s'adresser à la bienveillance du ministre en demandant soit qu'on le *relève de sa déchéance*, s'il offre une solvabilité certaine, soit qu'on *modère* ou *remette* l'amende.

Ajoutons que l'acheteur, qui parvient à se faire relever de sa déchéance, est tenu des intérêts du prix qu'il est en demeure de payer : ces intérêts commencent à courir un mois après la notification [2].

Les *marchés de fournitures* contiennent une seconde dérogation au droit commun. Nous avons vu que le droit de résolution existait *en faveur du vendeur*: que lui seul pouvait l'invoquer : ici, l'intérêt public fait accepter la décision contraire.

Dans ces marchés, l'administration *se réserve*, soit par une stipulation expresse, soit en vertu d'une prévision des clauses et conditions arrêtées pour servir de base à tout contrat de fournitures et auxquelles il est souscrit en termes généraux dans chaque opération, *d'admettre ou rejeter* comme satisfaisant ou ne satisfaisant pas aux exigences du cahier des charges *les objets que le soumissionnaire s'engage à fournir*.

Le gouvernement n'est point à l'abri de la force majeure pas plus que des événements fortuits. Chaque jour, les circonstances peuvent rendre l'exécution d'un traité, désormais si onéreuse pour lui, et si contraire à l'intention qui avait présidé à sa conclusion, que la *sagesse* et même l'*équité* (car, il

---

[1] Ord. 1 nov. 1821, SOUFFLOT.
[2] Ord. 5 déc. 1837, DUCROS. — Decret du 22 oct. 1808.

s'agit de l'intérêt public !) conseilleront à l'État de renoncer à l'exécuter, sauf à indemniser l'entrepreneur.

Que la paix succède à la guerre, les marchés passés pour le service des armées en campagne devront immédiatement prendre fin, quelque terme qui ait été assigné à leur durée. Le ministre ordonne l'inexécution et il ne reste plus qu'à en régler les conséquences : ici, c'est encore le ministre qui statue [1].

Ainsi, d'une part, comme *administrateur*, il arrête l'exécution des marchés de fournitures ; de l'autre, comme *juge*, il fixe le chiffre des dommages-intérêts

Au premier cas, il n'y a de possible qu'un recours à l'Empereur par la voie gracieuse; au second, le recours devant le conseil d'État est ouvert. Il y a, en effet, *violation d'un droit*, celui de faire fixer l'indemnité à un juste prix.

Une troisième exception aux principes du droit civil en matière de résolution est écrite dans la loi du 3 mai 1841, sur l'*expropriation pour cause d'utilité publique*.

Ici figure comme acheteur, soit l'État, soit le département, la commune ou un établissement public dont les ressources ne peuvent manquer absolument : d'où cette conséquence qui, du reste, était prescrite par l'intérêt général, c'est qu'il n'y a pas au cas d'expropriation pour utilité publique de résolution à défaut de payement du prix.

L'expropriation, en effet, a dépassé le résultat d'une vente ordinaire; elle a dépouillé irrévocablement le vendeur de tout droit sur la chose, le réduisant à l'état de simple créancier du prix.

Au reste, la question de résolution n'aurait pu que très-rarement se présenter, à cause de l'exigence du payement *préalable*.

[1] L. 12 vend. an VIII, art. 4. — Décret 11 juin 1806, art. 14.

Peu importe que l'expropriation soit faite ou non sur la tête du *dominus rei* : l'administration agit contre le propriétaire apparent aussi valablement que vis-à-vis du propriétaire lui-même, sauf à payer l'indemnité à celui dont les droits seront reconnus par les tribunaux.

En résumé, trois modifications sont apportées à la loi commune de la résolution par le droit administratif :

1° Une résolution *opérant de plein droit* dans les ventes de biens de l'État ;

2° Une résolution *en faveur de l'acheteur* dans les marchés de fournitures ;

3° Enfin, la *suppression de toute action résolutoire* dans le cas d'expropriation pour cause d'utilité publique.

POSITIONS.

DROIT ROMAIN.

1. — La clause commissoire peut s'ajouter au contrat comme condition suspensive.

2. — On ne saurait concilier la loi 3 au Code *de Pactis inter empt. et vend.* avec la loi 4 du même titre.

3. — Lorsque le terme est expiré et que le vendeur n'a pas opté entre la résolution du contrat et son exécution, l'acheteur peut-il offrir valablement son prix ? Non.

4. — La *lex commissoria* ajoutée *ex intervallo* à la vente produit une exception.

5. — La prohibition du pacte commissoire en matière de gage remonte-t-elle avant Constantin ? Non.

6. — La *lex commissoria* n'est pas plus permise à la caution qu'au créancier lui-même.

DROIT FRANÇAIS.

7. — L'action résolutoire subsiste-t-elle lorsque le meuble vendu est devenu immeuble par destination ? Non.

8. — La résolution de la vente en vertu de la clause tacite ou expresse donne-t-elle lieu à un nouveau droit de mutation ? Distinction.

9. — La convention portant qu'une vente d'immeubles sera résolue de plein droit et sans qu'il soit besoin de sommation est valable.

10. — Le vendeur d'immeuble, qui renonce à son privilége, ne peut se réserver l'action résolutoire.

11. — La transcription du contrat qui équivaut à l'inscrip-

7

tion du privilège n'est pas soumise au renouvellement décennal.

12. — Devant quel tribunal devra se porter l'action en résolution d'une vente immobilière ? Distinction.

13. — La résolution, faute de retirement, n'a pas lieu de plein droit dans les ventes de marchandises; en d'autres termes, l'art. 1657 n'est pas applicable en matière commerciale.

14. — Le droit de résolution ne survit pas à la faillite de l'acheteur; il n'y a d'exception qu'au cas de l'art. 576 C. Com.

15. — L'adjudication des biens du domaine de l'État n'implique au fond qu'une vente, d'où il faut conclure que c'est aux tribunaux civils qu'il appartient de connaître de son exétion.

16. — L'arrondissement ne peut figurer comme acheteur par expropriation pour utilité publique.

TABLE DES MATIÈRES.

———

	Pages.
Prolégomènes	5

DROIT ROMAIN.
LEX COMMISSORIA.

Chap. Ier. — Son origine, sa nature.	8
Chap. II. — Cas d'application.	13
§ Ier. — Dans le gage.	13
§ 2e. — Dans la vente.	16
Chap. III. — Quand y a-t-il commise ?	25
Chap. IV. — Fins de non-recevoir.	29
Chap. V. — Des effets de la *lex commissoria*.	31
§ Ier. — Lorsqu'elle est en suspens.	31
§ 2e. — Lorsqu'elle se réalise.	35
Chap. VI. — Modalités du pacte.	45

ANCIEN DROIT FRANÇAIS.
DE LA RÉSOLUTION A DÉFAUT DE PAYEMENT DU PRIX.

Chap. Ier. — Droit écrit.	47
Chap. II. — Droit coutumier.	49

DROIT NOUVEAU.
DE LA RÉSOLUTION A DÉFAUT DE PAYEMENT DU PRIX.

Chap. Ier. — Généralités.	55
Chap. II. — Ouverture du droit de résolution.	58
Chap. III. — Deux espèces de conditions résolutoires. . . .	63
§ Ier. — Condition résolutoire tacite.	64
§ 2e. — Condition résolutoire expresse.	66

	Pages.
Chap. IV. — De l'action en résolution.	70
Chap. V. — Fins de non-recevoir.	76
Chap. VI. — Effets de la condition résolutoire.	79
Chap. VII. — Modifications apportées par l'art. 7 de la loi de 1855 sur la transcription.	83
Chap. VIII. — Par le Droit commercial.	91
Chap. IX. — Par le Droit administratif.	97
Positions.	101

Poitiers. — Typ. de Henri Oudin.

TYPOGRAPHIE OUDIN
à Poitiers.

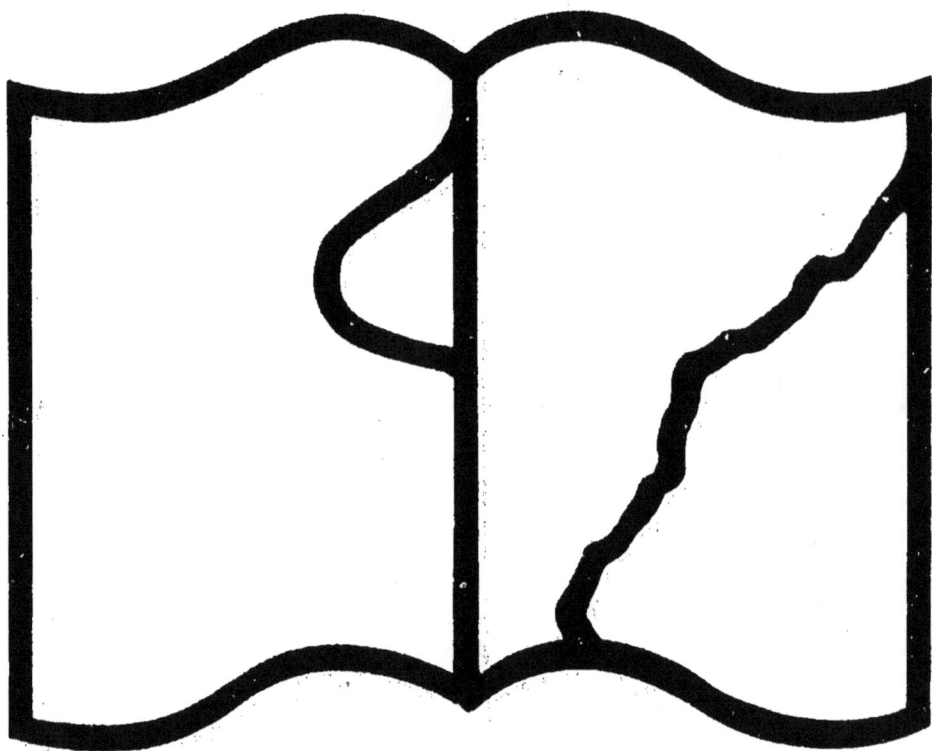

Texte détérioré — reliure défectueuse

NF Z 43-120-11

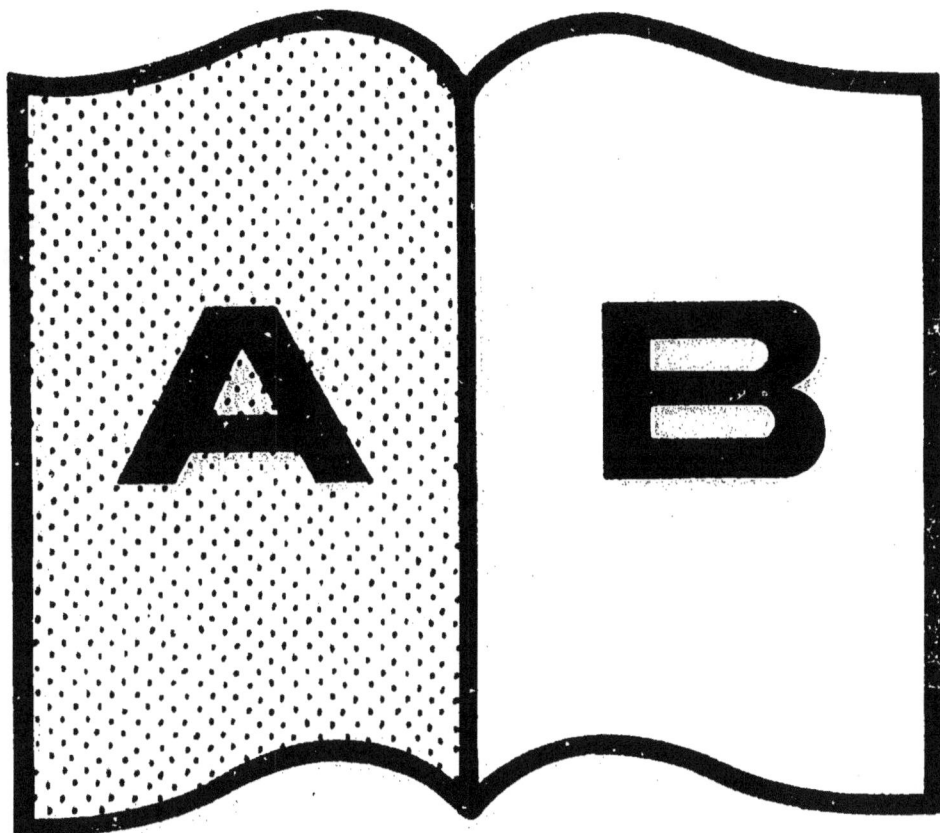

Contraste insuffisant

NF Z 43-120-14

www.ingramcontent.com/pod-product-compliance
Lightning Source LLC
Chambersburg PA
CBHW071506200326
41519CB00019B/5896